Pasatiempos constructivos

Paz Núñez Martí

UAH TEXTOS UNIVERSITARIOS
ARQUITECTURA

Pasatiempos constructivos

Paz Núñez Martí

EDITORIAL
UNIVERSIDAD DE ALCALÁ

© Editorial Universidad de Alcalá, 2024
Plaza de San Diego, s/n
28801 Alcalá de Henares
www.uah.es

I.S.B.N.: 978-84-19745-32-3
Depósito Legal: M-35830-2023

Composición: Innovación y Cualificación, S. L
Impresión: PODiPrint
Impreso en Andalucía – España

*A mis alumnos y alumnas que, desde 2002 hasta hoy,
me han transmitido su pasión, entusiasmo y ganas de aprender
a ser buenos profesionales y,
lo que es más importante,
mejores personas.*

*Lo que se puede enseñar no vale gran cosa,
lo que vale es lo que tú tienes que aprender.*

Eduardo Chillida, Escritos, 2016.

ÍNDICE

PRESENTACIÓN

Pasatiempos constructivos es un proyecto de innovación docente desarrollado por Paz Núñez Martí, profesora responsable de la asignatura *Construcciones arquitectónicas II,* código 256023, de tercer año del Grado en Fundamentos de Arquitectura y Urbanismo de la Universidad de Alcalá desde 2002.

Pasatiempos constructivos tiene como objetivo proporcionar al alumnado de la asignatura un instrumento para que, a través de juegos de palabra y rompecabezas, permita fijar e interiorizar los términos técnicos de materiales, elementos y sistemas constructivos que se imparten en los distintos módulos del curso. Consiste en aplicar la asentada práctica de la *gamificación* a un área de conocimiento donde son escasas las estrategias docentes que utilizan la mecánica de los juegos al ámbito educativo-profesional con el fin de conseguir mejores resultados de enseñanza y aprendizaje.

Aunque son juegos académicos estructurados según el syllabus de la asignatura, al estructurarse por módulos asentados en la enseñanza de construcciones arquitectónicas, puede usarlo cualquier estudiante y/o profesional de este área de conocimiento.

Pasatiempos constructivos fue presentado en la convocatoria 2022-23 de "Proyectos para el fomento de la innovación en el proceso de enseñanza-aprendizaje de la Universidad de Alcalá", concediéndose una ayuda de 700,00 € para su desarrollo e impresión.

Figura 01. Alumnado de la asignatura de Construcciones Arquitectónicas II trabajando colaborativamente en la resolución de pasatiempos constructivos. Abril 2023. Autoría propia.

SITUACIÓN DE PARTIDA

La asignatura Construcciones arquitectónicas II se imparte en el segundo cuatrimestre de tercer año, siendo la cuarta materia del área de Construcciones arquitectónicas que se cursa. Su finalidad "es la comprensión de los subsistemas constructivos que componen la envolvente de la edificación, tanto horizontal (cubierta) como vertical (cerramiento y fachada), y los sistemas de compartimentación interior de los elementos constructivos que los integran, así como de las relaciones entre ellos, con la estructura existente y los condicionantes proyectuales, según la tecnología actual y el arte de la construcción."[1]

Atendiendo a estos contenidos, una de las condiciones básicas para poder superar la asignatura es que, quienes la cursan, sean capaces de entender y utilizar el lenguaje técnico de los materiales, elementos y procesos propios de los distintos sistemas constructivos. Para lograr este objetivo veníamos utilizando distintas estrategias docentes basadas en una exposición teórica de los conceptos para que luego lo apliquen en distintos tipos de prácticas.[2]

La valoración de la asignatura en la serie histórica de las encuestas docentes realizadas por el Vicerrectorado de Gestión de la Calidad de la UAH muestra una muy buena valoración tanto en sí misma como respecto al grado al encontrase siempre en el decil superior.3 Ahora bien, pese a esta buena apreciación de la asignatura, en el último lustro hemos ido tomando conciencia de tres situaciones de distinta naturaleza, pero relacionadas entre sí, que debíamos abordar para lograr una respuesta más satisfactoria. A saber: carencias de vocabulario técnico necesario para cursar la asignatura, dificultades de interiorización de los conceptos impartidos y desinterés por el trabajo colaborativo.

Tres situaciones que intentamos resolver o mitigar mediante este proyecto de innovación docente:

a. Vocabulario técnico

La primera situación tiene que ver con las carencias y, consecuentemente, falta de manejo de vocabulario técnico propio de la disciplina que presenta el alumnado. Es un problema complejo porque sin un adecuado manejo de los términos técnicos es

---

[1] Guía docente, curso 2022-23 https://www.uah.es/es/estudios/estudios-oficiales/grados/asignatura/Construcciones-Arquitectonicas-II-256023/

[2] Se realizan dos tipos de prácticas: una semanal en horario de clase (2 h.) sobre los conceptos aprendidos en la parte teórica y dos realizadas fuera del aula, cuya duración oscila entre las 4 y 5 semanas donde el alumnado desarrolla la construcción de un proyecto propio elaborado en la asignatura de proyectos arquitectónicos.

[3] Desde que se tiene registro electrónico de las encuestas docentes (2005), la media de valoración de la asignatura está en 2 ptos. Porcentuales por encima del resto de las asignaturas del área de conocimiento (Construcciones Arquitectónicas)

imposible lograr una comunicación precisa y eficiente entre los profesionales del campo de la construcción. Y, con ello, se evitan malentendidos y vicios constructivos, garantizando así un adecuado presupuesto y control (no sólo económico y presupuestario) de las obras.

Tradicionalmente los arquitectos/as aprendían el vocabulario técnico a la vez que lo aplicaban. Se trataba de un saber compartido aprendido "naturalmente" en un proceso indistinguible de enseñanza, aprendizaje y práctica. Esta tradición, que tan buenos resultados daba a las enseñanzas profesionales desapareció cuando la formación de los arquitectos comenzó a darse fuera de la obra, en academias primero, y luego en politécnicos y universidades. Lo cual tuvo, como efecto positivo, una definición más precisa y universal de los términos, que comienzan a ser recogidos en manuales y diccionarios específicos. Pero presentan, como efecto negativo, el inconveniente de tener que enseñar nombres y significados de elementos y procesos de manera abstracta.

Es la situación actual, donde los materiales y sistemas constructivos debe enseñarse de manera teórica, tanto por la propia estructura de los grados como por las razonables normas de seguridad e higiene en el trabajo que, sin prohibirlo, hacen prácticamente imposibles que el alumnado tenga una relación directa y continua con las obras de construcción.[4] A esto debemos sumar el hecho de que la mayoría del estudiantado no ha tenido ninguna relación con empresas constructoras u oficiales del gremio, por lo que observamos muchas dificultades para asimilar los términos expuestos.

De ahí la necesidad que tuvimos de buscar procesos de enseñanza y aprendizaje atractivos que permitieran al alumnado interiorizar el vocabulario que se va enseñando.

b. Asimilación

A la imposibilidad de realizar las clases de manera continua en obra o en un campo de trabajo, se suma otra situación que dificulta la interiorización del vocabulario técnico: unas crecientes dificultades para asimilar lo que se expone en clase. Lo que se traduce en una ralentización en el proceso de aprendizaje, sobre todo del vocabulario de la construcción, al tener que repetir las definiciones clase a clase.

Cabe apuntar que estas dificultades de aprendizaje no se deben a que las clases no se sigan o no se puedan seguir adecuadamente, porque procuramos (y logra-

---

[4] Para poder acceder a una obra, la dirección facultativa exige medidas de seguridad y prevención de riesgos laborales: número máximo de personas (25), disponer de cascos, zapatos adecuados, etc. Así como un seguro de responsabilidad civil que cubra las posibles incidencias. De igual manera, el seguro escolar del alumnado no cubre los accidentes que se pudiesen dar en contextos extracurriculares o extrauniversitarios. Lo que implica una dificultad añadida. Al final, la responsabilidad recae en el docente que "arriesga" de manera controlada la visita de obra con el único propósito de que los estudiantes aprendan in situ el oficio de arquitecto.

mos) tener un ambiente sin distractores, con medidas tales como prohibir conversaciones que no estén relacionadas con la materia impartida, usar cualquier dispositivo electrónico tales móviles o tabletas o comer en el aula. Tampoco el desinterés por la asignatura parece explicar esta constatación, por un lado, en las encuestas docentes el alumnado reconoce la importancia de la asignatura para su formación y, por otro, frente a lo que ocurre en otras asignaturas del grado, prácticamente no tenemos absentismo, con índices de asistencias continuada cercanas al 90%.

Ante ello, consideramos que no se trata tanto de falta de concentración ni de motivación sino de la necesidad de introducir innovaciones docentes que permitan al alumnado tener una relación más proactiva con el lenguaje técnico que van utilizando.

c. Comunicación

El tercer asunto que nos interesaba abordar concierne a la comunicación. Como todo lenguaje, el vocabulario de la construcción se basa en el uso compartido de los términos. El hecho de que el alumnado no los utilice de manera habitual dificulta su aprendizaje más allá de su memorización. Pero también contribuye el que tampoco comuniquen ni comenten los nuevos términos que van aprendiendo. No son vocablos de la vida cotidiana, por lo que la interacción es clave.

A esto hay que sumar una tendencia al individualismo o, más bien, al aislamiento en el momento de estudiar y de realizar las tareas solicitadas que vemos acentuarse paulatinamente. Es más, incluso hemos recibido críticas formales contra el trabajo en grupo. Sucedió en la reunión ordinaria de Coordinación de 3º año del Grado de Fundamentos en Arquitectura y Urbanismo en mayo de 2023, en la que la Delegación de Estudiantes presentó una queja solicitando que las prácticas de las asignaturas se realizasen preferentemente de manera individual por las dificultades que hay para entenderse entre miembros de los grupos. Lo que es un síntoma más de una tendencia que constatamos que se ha agudizado tras la pandemia del COVID y contrario a lo que, probablemente, tendrán que hacer en su vida profesional.

PROPUESTA / OBJETIVOS

Para mitigar las situaciones planteadas (carencia de vocabulario técnico, falta de atención y tendencia al individualismo), como profesora responsable de la asignatura, con el acuerdo de los profesores de práctica de la asignatura, en el curso 2018-2019 propusimos al alumnado que resolviesen unos crucigramas con definiciones de los términos enseñados. La idea era utilizar la atracción que despiertan los juegos de palabras para fijar conceptos técnicos a la vez que aumentar la atención durante la clase y fomentar el aprendizaje colaborativo.

Aunque con estas prácticas lográbamos que se manejase el vocabulario técnico fuera de una práctica dirigida y evaluada, los resultados no nos satisficieron del todo por dos motivos que finalmente nos llevaron a proponer el presente proyecto de innovación docente: (a) Por un lado, la aplicación de los crucigramas no estaba incorporada en la estructura de la asignatura. (b) Por otro, los crucigramas se basaban en las definiciones dadas por el diccionario de los términos enseñados, lo cual permitía a estudiantes sin escrúpulos solucionarlos mediante búsquedas en Internet.

Revisando la bibliografía disponible advertimos que la propuesta de utilizar los juegos de palabras era adecuada pero que fallábamos en la forma de definir los conceptos. (referencia bibliográfica) Para que una práctica de gamificación funcionase no podíamos limitarnos a las definiciones formales, siendo indispensable que la solución del juego supusiese un desafío intelectual. Comenzamos, entonces, a introducir adivinanzas en las definiciones de los términos a resolver en los crucigramas.

El cambio fue positivo porque obligaba a quienes intentaban resolver los ejercicios propuestos a "romperse la cabeza" para buscar las posibles respuestas y comprobarlas de manera colaborativa. Pero observamos, también, que para que la innovación docente funcionase había que sistematizarla y explorar con otros juegos de palabras.

Metodología / Acciones Realizadas

Las acciones para desarrollar la estrategia de *gamificación* propuesta fueron de distinta naturaleza e implicaron metodologías también particulares:

a. Estructura
Atendiendo a los resultados obtenidos en las actividades anteriores con juegos, la primera decisión adoptada fue aplicar los *Pasatiempos constructivos* durante las 15 semanas del curso académico relacionándolo directamente con los contenidos explicados en cada uno.

Así, aunque los *Pasatiempos* propuestos en este libro recogen términos habituales de la construcción, su contenido y organización se corresponde con los cinco módulos en que se divide la asignatura: Introducción al contexto contemporáneo de la construcción, Sistemas envolventes vertical, Sistema de envolvente horizontal, Sistemas de cerramiento interior y Acabados.

b. Sistematización
El siguiente paso fue definir el momento en que se aplicarían los pasatiempos, así como el tiempo que daríamos para resolverlos. Dos asuntos claves ya que influían directamente en el diseño de los juegos.

En algún momento se planteó limitar los pasatiempos a la sesión final de cada módulo, a modo de una conclusión, optando por hacerlo en cada una de las sesiones teóricas por los beneficios apuntados.

Para aplicar los pasatiempos se barajaron cuatro opciones:

- Proponerlos para resolverlos durante la semana. Lo que tenía la ventaja de poder hacer pasatiempos más largos y complejos, pero la desventaja de no poder asegurar que no se utilizaba material de apoyo (Internet, manuales, diccionarios y similares) para solucionarlos y porque se perdían las interacciones esperadas.
- Resolverlos al inicio de la sesión. Esto tenía la ventaja que permitía constatar si se habían comprendido los conceptos implicados en la práctica semanal, pero la desventaja dejar fuera a quienes no habían realizado la práctica y de generar un ambiente de jolgorio al inicio de la sesión teórica.
- Resolverlos finalizar la sesión teórica. Esto tenía la ventaja de que permitía asentar los conceptos impartidos, pero el inconveniente de que coincidía con el cambio de aulas y división de los grupos.[5]

Finalmente optamos por dar un tiempo para resolverlos en el intermedio de las sesiones teóricas, a modo de un descanso lúdico, a la vez que académico.

Desde que decidimos presentar la propuesta de innovación docente hicimos al menos una prueba con cada opción indicada. Tras analizar los resultados de estas pruebas optamos por el tiempo libre del descanso entre la sesión teórica.

De manera más concreta, la aplicación de los pasatiempos dentro de la asignatura fue la siguiente:

- Al finalizar la primera hora de clase de teoría es el momento en que se entregan los pasatiempos para que se resuelvan de manera individual, aunque se pueden resolver en grupo, algo a lo que se los anima buscando una mayor interacción entre los estudiantes.
- El tiempo disponible varía de 10 a 15 minutos según la complejidad del juego.

Se trata de un momento académico distendido, que ayuda a que la segunda parte de las sesiones teóricas se asuman con mayor atención y motivación.

c. Conceptos a utilizar

El siguiente paso consistió en definir los conceptos que se utilizarán en cada pasatiempo constructivo, en función de los objetivos de cada sesión teórica y de las prácticas a realizar.

------

[5] La carga se divide en dos horas de prácticas y otras tantas de teoría. Las clases se en imparten en dos grupos de teoría, a cargo de la profesora responsable, y en cinco de prácticas, en grupos de 25 estudiantes de media a cargo de distintos profesores. Las clases de teoría son de dos horas se imparten en grupos grandes, seguidas de otras dos horas de prácticas en el aula.

Tras decidir que utilizaríamos los juegos de palabras en todos los módulos pasamos a seleccionar los nombres de materiales, elementos o procesos constructivos que nos interesaba insistir y consolidar de cada uno de los módulos y sus correspondientes sesiones.

Tras confeccionar las listas de términos de cada sesión, procedimos a buscar una breve definición de los mismo, primero en el diccionario de la RAE o, cuando fuese oportuno, diccionarios de términos de la construcción.

Finalmente, pasamos desarrollar una definición "ingeniosa" para cada uno de estos conceptos a utilizar en cada pasatiempo. Sin duda, fue la tarea más difícil a la vez que la más atractiva.

d. Realización de los pasatiempos

Los primeros pasatiempos que entregamos eran crucigramas con definiciones de términos, que luego cambiamos por acertijos.

Durante el curso académico fuimos combinando los crucigramas con otros juegos de palabras: sopa de letras, palabras revueltas y laberintos.

Fue una aportación positiva porque cada tipo de pasatiempo obliga a manejar los términos desde distintas perspectivas. En los crucigramas se agudiza el ingenio, en las sopas de letra la percepción visual, en las palabras revueltas la localización espacial. Pero, en todos, el juego se centra en los conceptos que se están impartiendo.

Los pasatiempos se realizaron con el programa informático Toolbox[6], que facilita el proceso de elaboración y maquetación.

e. Aplicación de los pasatiempos en el curso 2022-2023

Siguiendo la estructura de la clase prevista, en el descanso de cada una de las clases teóricas se entregaba fotocopiado el pasatiempo del día.

Los pasatiempos podían ser resueltos de manera individual o grupal, pero debían entregarse el mismo día y en el aula, puesto que sirven para constatar la asistencia a clase, obligatoria en un 80% según norma de la UAH.

f. Evaluación

En cada clase se registraba el porcentaje de aciertos obtenidos para conocer la evolución del aprendizaje y la efectividad de la innovación docente.

Al final del cuatrimestre, realizamos un análisis crítico de los resultados obtenidos en la propia actividad, así como su relación con los resultados de exámenes y prácticas.

---

[6] https://resulwww.discoveryeducationalsoftware.co.uk/espanol/

Resultados

El análisis de resultados lo realizamos mediante tres vías: Observación directa, Resolución de los pasatiempos y Encuestas docentes.

- Por lo observado, el alumnado respondió de manera positiva al desafío de los distintos juegos de palabras. Se crea un ambiente distendido en donde se colabora para resolverlos. La implicación con el juego fue grande y las quejas se ciñeron a los contenidos de los propios juegos.
- Aplicarlos en todas las clases en el mismo momento ayudó a estructurarlas y aumentó la motivación por participar en el juego, logrando que en el periodo la consulta desesperada por consultar cada cual su móvil pasase a último plano.
- Otro elemento que contribuyó a motivar al alumnado fue que no supiesen qué tipo de pasatiempo se les iba a ofrecer, generando así conversación e inquietud positiva entre ellos sobre el tema.
- Aunque muchos no se resolvían en los 10-15' de tiempo entre clases, sí se logró la activación en cada uno de los participantes del Sistema Reticular Activador Ascendente (SRAA)[7] lo que permitió que, en la hora de teoría que tenían a continuación, la atención fuese mayor y en aquellos comentarios teóricos que aportaban el vocabulario solicitado en alguno de los pasatiempos, inmediatamente se reconociese y lo aplicase o incorporase a la sopa de letras, al crucigrama o a las palabras revueltas.
- El porcentaje de respuestas correctas dependió del tipo de pasatiempo. En términos generales, los más difíciles eran los crucigramas, seguidos de las palabras revueltas.

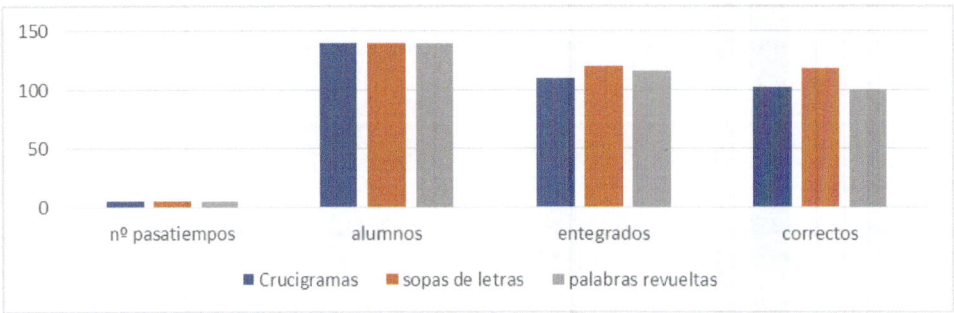

---

[7] Sistema reticular activador ascendente está formado por un conjunto difuso de neuronas situadas en el tronco del encéfalo y que tienen como función principal el mantenimiento del estado de alerta. El sistema reticular envía proyecciones a los núcleos intratalámicos que a su vez envía otras proyecciones a la corteza cerebral. https://psiquiatria.com/glosario/sistema-reticular-activador-ascendente

• En la encuesta interna realizada al final del periodo lectivo, pero antes de los exámenes, el alumnado valoró positivamente el uso de los pasatiempos constructivas. Destacaron, entre otros, los siguientes aspectos.

> (...) Su entrega a la asignatura. Algunos de los métodos que se usa en sus clases creo que ayudan a no desconectar y a retener la información de la teoría antes de estudiarla por ejemplo (pregunta del día que ayuda a asumir algún concepto en la propia clase o los crucigramas y juegos de vocabulario que solo por buscar los que no te sabes ya aprendes sobre ellos y se te queda lo que son por haberlos buscado).

> (...) En las clases impartidas quedan muy claras todas las explicaciones. Los cruci-gramas hacen que tengamos un descanso divertido y útil. El hecho de que haya estado en diferentes obras hace que podamos ver un poco mejor la realidad junto con diferentes experiencias, fotografías y consejos.[8]

En vista a los resultados expuestos, podemos concluir que el uso de mecánicas y elementos propios de los juegos en contextos académicos mejoran la participación, la motivación y el compromiso adquirido con la asignatura. Al combinar el entrete-nimiento con el aprendizaje, hemos podido comprobar cómo ayudan a adquirir y fijar conocimientos, así como al desarrollo de habilidades útiles para su formación de una manera divertida y efectiva.

BIBLIOGRAFÍA

ABT, C. (1987). *Serious games*. Lanham: University Press of America. (Año de publicación del libro original 1970).

AGUILAR, M., HERNÁNDEZ, T., BERROCAL, M. (2021, junio 1-2). Integración de la Gamificación en el proceso enseñanza-aprendizaje [Presentación de póster]. *XIII EIDU*, Plataforma virtual UAH.

ALFAYA, L., ARMADA, C. Estrategias transversales: el grano y la paja. En *VIII Jornadas sobre Innovación Docente en Arquitectura (JIDA'20)*. Iniciativa digital Politécnica Oficina de Publicacions Acaèmiques Digitals de la UPC, pp. 208-218.

ARANDA-CUÉLLAR, P., CARRILLO-NEFF, M., FERNÁNDEZ-OLIT, B., GALLO-RIVERA, M. GARRIDO-YSERTE, R., MAÑAS-ALCÓN, E., SUCH-DEVESA, M. (2021.) ¿ODS...qué? Incentivos y Barreras para la integración del Desarrollo Sostenible en el aula [Presentación de póster]. *XIII EIDU*, Plataforma virtual UAH.

---

[8] Extracto de los comentarios literales sobre la asignatura Construcciones Arquitectónicas II recogidos de las encuestas docentes elaboradas en el curso académico 2022-23 por el Vicerrectorado de Gestión de la Calidad. UAH https://gestioncalidad.uah.es/es/calidad-del-profesorado/encuesta-docente-y-certificados/

BARRIENTOS TURRIÓN, L. Docencia Conversacional. En *VIII Jornadas sobre Innovación Docente en Arquitectura* (JIDA'20). Iniciativa digital Politécnica Oficina de Publicacions Acaèmiques Digitals de la UPC, pp. 411-423.

CABRERO OLMOS, R. Empatía a través del juego: la teoría de piezas sueltas en el proceso de diseño. En *VIII Jornadas sobre Innovación Docente en Arquitectura* (JIDA'20). Iniciativa digital Politécnica Oficina de Publicacions Acaèmiques Digitals de la UPC, pp. 1063-1073.

CARRILLO-HERMOSILLA, J, CHUVIECO-SALINERO, E., GÓMEZ NIETO, A., LAYUNO-ROSAS, M., LÓPEZ-MÚJICA, M., MACÍAS-GUARASA, J., SALADO-GARCÍA, M. (2021). Docencia en Sostenibilidad Ambiental: Resultados de una Encuesta Docente realizada en la UAH. [Presentación de póster]. *XIII EIDU*, Plataforma virtual UAH.

CASTELLANO-PULIDO, F.J. [et al.]. Taller vertical y juego de roles en el aprendizaje de programas arquitectónicos emergentes. En *VIII Jornadas sobre Innovación Docente en Arquitectura* (JIDA'20). Iniciativa digital Politécnica Oficina de Publicacions Acaèmiques Digitals de la UPC, pp. 1028-1039.

CHILLIDA, E. (2016). *Escritos*. Ed. La Fábrica.

COLLINGWOOD, R. G. (2016). Play. En Collingwood, R. G., *The map of knowledge* (pp. 102-107). England: Oxford University Press. (Año de publicación del libro original 1924)

DE FELIPE, H., GARCIA NOVA, M., GARCÍA-ABAD ALONSO, J.J., LÓPEZ MUJICA, M., MOYA PALOMARES, M. E., SERRANO MOYA, E., SERRANO NIZA, D., URSACHI, I. (2021). Trayectos virtuales: Nuevas herramientas para nuevas narrativas. [Presentación de póster]. *XIII EIDU*, Plataforma virtual UAH.

ESTELLER AGUSTÍ, A., VIGIL DE INSAUSTI, A., HERRERA PIÑUELAS, I.A. El uso de rompecabezas en la enseñanza de la historia urbana. En *VIII Jornadas sobre Innovación Docente en Arquitectura* (JIDA'20). Iniciativa digital Politécnica Oficina de Publicacions Acaèmiques Digitals de la UPC, pp. 106-116.

GARCÍA ESCUDERO, D.; BARDÍ MILÀ, B, eds. "VIII Jornadas sobre Innovación Docente en Arquitectura (JIDA'20), Escuela Técnica Superior de Arquitectura de Málaga, 12 y 13 de Noviembre de 2020: libro de actas". Barcelona: UPC. IDP; GILDA; UMA editorial, 2020. ISBN: 978-84-9880-858-2 (IDP-UPC); ISBN: 978-84-1335-032-5 (UMA EDITORIAL)

HUIZINGA, J. (2014). *Acerca de los límites entre lo lúdico y lo serio en la cultura*. Madrid: Casimiro. (Año de publicación del libro original 1933)

HUIZINGA, J. (2016). *Homo ludens*. Madrid: Alianza Editorial. (Año de publicación del libro original 1972).

LOPEZ-DE ASIAIN, M., DÍAZ-GARCÍA, V. Estrategias educativas innovadoras para la docencia teórica en Arquitectura. En *VIII Jornadas sobre Innovación Docente en Arquitectura* (JIDA'20). Iniciativa digital Politécnica Oficina de Publicacions Acaèmiques Digitals de la UPC, pp. 117-127.

PÉREZ GÁLVEZ, F. [et al.]. Role-Play como estrategia docente en el aprendizaje de la construcción. En *VIII Jornadas sobre Innovación Docente en Arquitectura*

(JIDA'20). Iniciativa digital Politécnica Oficina de Publicacions Acaèmiques Digitals de la UPC, pp. 1006-1014.

PETERSON, J. (2012). *Playing at the world* (3rd ed.). San Diego: Unreason Press.

LIBRO DE PASATIEMPOS CONSTRUCTIVOS

Pasatiempos constructivos es una recopilación de juegos de palabras e ingenio basados en el vocabulario técnico disciplinar.

El libro se estructura en cuatro capítulos que siguen la estructura de la asignatura Construcciones arquitectónicas II, 2º cuatrimestre de tercer año, del Grado de Fundamentos de Arquitectura de la Escuela de Arquitectura de la Universidad de Alcalá.

A saber: (1) Introducción, (2) Envolventes verticales: Cerramientos y fachadas, (3) Envolventes horizontales: cubiertas, (4) Tabiquería y divisiones interiores + Acabados y revestimientos:

Al inicio de cada capítulo se recogen los temas tratados en cada módulo.

Por cada uno de estos módulos se incluyen, al menos, 5 juegos de palabras distintos, atendiendo a que cada uno supone una manera particular de "jugar" con el vocabulario técnico. Cada pasatiempo está denominado con el acrónimo del tipo de juego: crucigrama (CR), sopa de letras (SL) y palabras revueltas (RV).

El número de pasatiempo por bloques no es homogéneo porque depende de la cantidad de temas de cada bloque temático.

El libro puede ser utilizado tanto por docentes como alumnado, pero con objetivos diferentes:

- Profesorado. El libro está pensado como apoyo en la docencia de asignaturas de construcciones arquitectónicas asimilables a la que impartimos. Se trata de una herramienta docente útil porque la solución correcta de los juegos requiere haber estado atendo a los conceptos explicados en clase. Para aumentar la atención y el aspecto lúdico de la actividad y evitar que el pasatiempo se puede resolver con búsquedas en Internet, los conceptos no se presentarán con la definición "oficial" (RAE o Diccionarios técnicos) sino mediante adivinanzas, relaciones, metáforas, etc. La interacción entre estudiantes se logra permitiendo que la solución del pasatiempo se realice en grupos de libre configuración.

  Por el carácter de los pasatiempos, pueden aplicarse de la manera que se estimen oportuno, sin que sea necesario resolverlo de manera secuencial.

- Estudiantes. Por la manera que está organizado, el libro puede ser utilizado por el alumnado cuando lo estime oportuno para profundizar en los conceptos expuestos en clase. Sobre todo, porque existen por cada materia más crucigramas de los que se resolverían aplicando uno por cada clase de la asignatura.
- Profesionales. Y, por supuesto, cualquier persona relacionada con el mundo de la construcción y la arquitectura, podrá disfrutar, reciclarse y entretenerse con este libro de pasatiempos.

PASATIEMPOS CONSTRUCTIVOS

Figura 02. Toma de información constructiva *in situ* de las cocinas del palacio de Topkapi, Turquia. 2019. Cuadernos de viaje. Roberto Goycoolea Prado, 2023.

1. Introducción

Los Objetivos de Desarrollo Sostenibles. Agenda 2030. Qué son y para qué sirven. Contexto y aplicación a la capacitación como arquitecto y constructor.

   Concepción unitaria del edificio. Los elementos. Envolventes horizontales y verticales. El proceso constructivo.

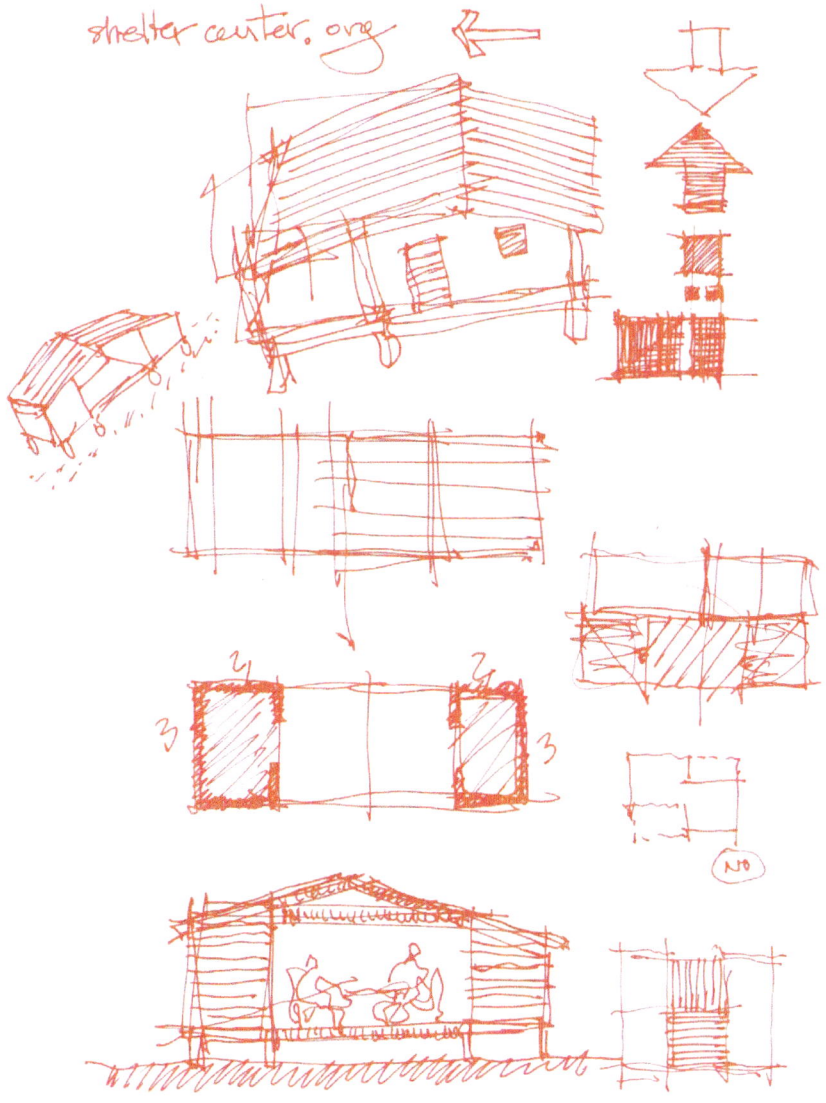

Figura 03. Análisis formal y constructivo de un prototipo de vivienda semilla para campos de refugiados. 2020. Roberto Goycoolea Prado.

BLOQUE TEMÁTICO 1. CR 01

Horizontal:

2   lugar propio donde desarrollamos la vida particular
3   planes para construir un mundo mejor
6   organismo de orden mundial redactora de los ODS
8   adjetivo que permite que perdure a lo largo del tiempo
11   el espacio para vivir en comunidad según un planeamiento, unas políticas públicas y una ciudadanía concreta
13   hacia dónde está dirigida nuestra profesión
15   hoja de ruta para lograr un objetivo común

Vertical:

1   estrategias de diseño inteligentes y útiles
4   lo que estudiamos
5   impronta que dejamos en las otras personas o en el suelo
7   número de ODS
9   objetivo número 11 de los ODS
10   huella nefasta
12   adjetivo que toda arquitectura necesita para la realización de la persona
14   un derecho humano necesario para vivir junto al de saneamiento

Bloque temático 1. SL 02

```
            o   q   z   d   w   a   í   p   z   y
            p   a   s   i   v   a   s   v   r   v   k   d
        y   e   h   f   a   é   c   d   s   b   z   z   a   e
    z   b   c   s   j   r   p   y   a   u   h   e   l   d   l   n
é   a   v   g   u   t   p   m   n   g   r   i   d   l   i   é   k   m
i   v   r   v   n   i   r   o   r   v   z   i   c   p   l   a   k   a
l   i   h   q   o   a   s   a   á   c   e   u   m   b   i   e   s   g
r   s   a   v   u   r   l   i   t   c   r   w   p   r   b   t   z   u
v   u   b   q   e   i   z   l   i   e   c   t   o   t   i   á   ñ   a
i   l   i   p   o   m   t   s   e   c   g   f   s   a   n   f   b   q
q   c   t   g   é   k   i   e   a   u   h   i   g   f   e   v   f   w
a   n   a   j   b   e   c   r   c   c   h   e   a   í   t   s   l   k
í   i   t   f   t   j   b   r   o   t   n   b   í   s   s   é   q   b
k   n   d   e   o   o   ñ   á   a   d   u   á   g   c   o   d   u   i
    ñ   q   l   n   h   e   r   a   j   j   r   í   g   s   é   n
        o   o   ñ   á   i   l   h   l   r   q   a   c   q   o
            x   í   q   f   k   v   j   x   k   c   p   e
                f   é   v   h   m   z   s   s   v   i
```

Palabras:

sostenibilidad	arquitectura	estrategias	diecisiete	inclusiva
personas	pasivas	carbono	habitat	belleza
agenda	ciudad	huella	agua	onu

BLOQUE TEMÁTICO 1. RV 03

1	aeddbonliitssi	....
2	daeang	....
3	agau	....
4	udicda	....
5	siavpas	....
6	setsrtaegai	....
7	caoronb	....
8	ahellu	....
9	onsrspea	....
10	nuo	....
11	ahitbat	....
12	aruteturiqac	....
13	zlablee	....
14	naluivsic	....
15	tieeciedis	....

2. SISTEMAS DE ENVOLVENTE VERTICAL: FACHADAS Y CERRAMIENTOS

2.1. Conceptos generales: exigencias y tipos funcionales según normativa vigente –CTE-

Fachadas y cerramientos como elementos integradores de la envolvente vertical. Tipologías según exigencias de confort higrotérmico –CTE DB HS1 Protección frente a la humedad y HE1 Limitación de demanda energética, acústico –CTE DB HR Protección frente al ruido- y correcta accesibilidad –CTE DB SUA Seguridad de utilización y accesibilidad.

2.2. Cerramientos pesados y fachadas convencionales: la envolvente tradicional.

Materiales, puesta en obra y ámbito de aplicación. La fachada masiva: arcilla cocida y piedra. Criterios de elección -Identificación de ventajas e inconvenientes de su utilización-. Resolución de puntos singulares: conectividad con la estructura, huecos, coronación.

2.3. Cerramientos pesados prefabricados

Paneles prefabricados de hormigón y madera: Exigencias. Clasificación y tipología de paneles. Los elementos estructurales prefabricados de hormigón: uniones y resolución de juntas. Fachada pesada de madera. Trasdosados.

2.4. Fachadas ventiladas y cerramientos: envolvente invertida o ventilada

Materiales, puesta en obra y ámbito de aplicación. La fachada ligera: subsistemas estructurales y enlazabilidad con la estructura del edificio. Criterios de elección -Identificación de ventajas e inconvenientes de su utilización.

Resolución de puntos singulares: conectividad con la estructura, huecos, coronación. Trasdosados.

Figura 04. Análisis formal y constructivo de la fachada de San Clemente, Roma. 2023. Cuadernos de viaje. Roberto Goycoolea Prado, 2023.

Bloque temático 2. CR 01

Horizontal:

3   envolvente vertical que permite las condiciones mínimas de habitabilidad interio
4   para forjado sanitario
6   nunca debe superar el centímetro
7   flujo de calor en régimen estacionario entre área y diferencia temperatura
10 vierteaguas
11 aislamiento de alta densidad indicado para cubiertas transitables, entre otros
12 envolvente vertical que añade características estéticas al edificio
13 aquella fachada permeable
14 secuencia de transmisión de cargas estructurales

Vertical:

1   aumenta cuanto mayor es la diferencia térmica entre las caras de la envolvente
2   elemento de fachada vulnerable a agresiones exteriores
5   remedio paliativo para las condensaciones
8   aumento no controlado
9   agente altamente agresivo, especialmente, en la parte inferior de la envolvente
10 gran puente térmico

Bloque temático 2. CR 02

Horizontal:

2   peto de protección de la cubierta plana
4   sacar lustre o brillo a un mortero
6   plano vertical de cerramiento del hueco de fachada
10   material de las juntas elásticas
12   elemento que permite el vuelo de la cubierta
13   prisma de ladrillo que recibe y distribuye las aguas sucias generadas por un edif
14   acción de guarnecer con mortero de cemento
15   cargadero

Vertical:

1   material amorfo de construcción de baja demanda energética
3   obstaculo vivo alado cuyo hábitat puede ser un canalon
5   acción de revestir con mortero de yeso negro
7   perforación para ventilación de fachada
8   panel de resinas con fibras celulósicas termoendurecibles de alta densidad
9   urdimbre metálica para paneles prefabricados
11   tipo de mortero apto para conseguir flexibilidad en el muro de fábrica

Bloque temático 2. CR 03

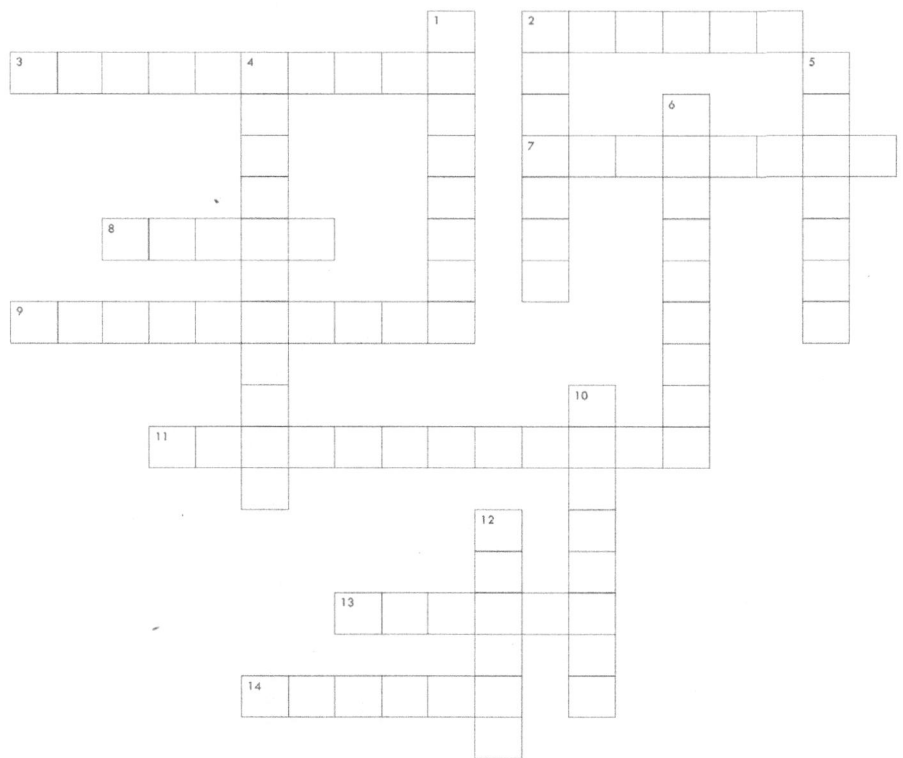

Horizontal:

2 junta horizontal continua de un muro de fábrica
3 protección absurda del canto de forjado en
   muros de ladrillo
7 junta de fachada para materiales prefabricados
8 leyes que regulan la colocación de las piezas
   de una fábrica
9 monobloc de ventana y persiana
11 revestimiento para proteger el muro de tapial
13 aire en movimiento
14 tipo de muro capaz de captar la energía calorifica
   y disiparla en el interior

Vertical:

1 tabique para formación de pendiente en cubierta
   inclinada
2 revestimiento horizontal de yeso, principalmente,
   techos
4 forma de colocar las llaves de unión en un muro
   multicapa
5 Canal que se hace en la cara inferior de la corona
   de la cornisa
6 panel de madera que permite confinar el hormigón
   vertido
10 llave entomológica
12 viga biapoyada para apertura de huecos de fachada

BLOQUE TEMÁTICO 2. CR 04

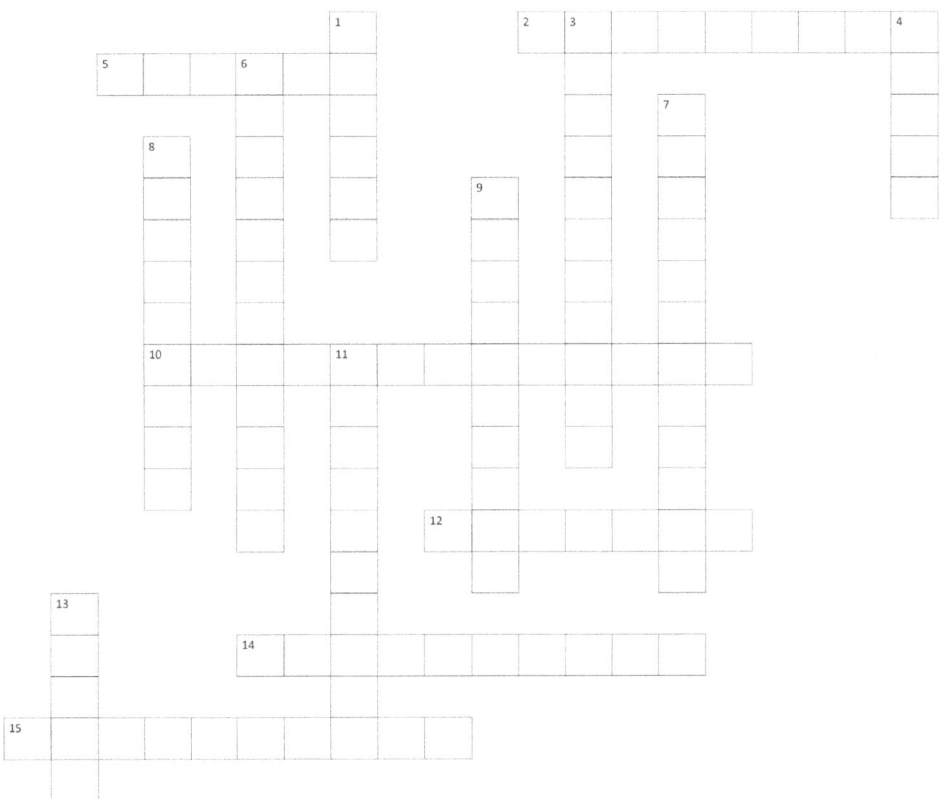

Horizontal:

2   gran puente térmico
5   nunca debe superar el centímetro
10   flujo de calor en régimen estacionario entre
     área y diferencia temperatura
12   envolvente vertical que añade características
     estéticas al edificio
14   barrera paliativa para las condensaciones intersticiales
15   vigueta a contraflecha

Vertical:

1   elementos verticales que conforman los huecos
3   envolvente vertical que permite condiciones mínimas
     de habitabilidad
4   secuencia de transmisión de cargas estructurales
6   aumenta cuanto mayor es la diferencia térmica
     entre las caras de la envolvente
7   aislamiento de alta densidad indicado para cubiertas
     transitables, entre otros
8   fachada ventilada
9   alfeizar
11   exceso de carga en un edificio
13   especie animal que vulnera la estabilidad física
     del zócalo del edificio

Bloque temático 2. CR 05

Horizontal:

6   dintel
7   material amorfo de construcción de baja demanda energética
8   acción de guarnecer con mortero de cemento
10   aislamiento térmico proyectado
12   peto de protección de cubierta plana
14   Capa de mortero o de yeso que se extiende sobre cada hilada de ladrillos al construir un muro, para sentar la siguiente
15   cualidad del cerramiento y/o fachada que le mantiene o recupera el equilibrio

Vertical:

1   acción de revestir con mortero de yeso negro
2   tipo de mortero apto para conseguir flexibilidad en el muro de fábrica
3   colmatar con mortero flexible la junta entre el forjado y el cerramiento
4   colocación de llaves en filas paralelas, de modo que las de cada fila correspondan al medio de los huecos de la fila inmediata, de suerte que formen triángulos equiláteros
5   sacar lustre o brillo a un mortero
9   resinas utilizadas para conseguir elasticidad en las juntas
11   perforaciones en el muro para su ventilación
13   panel de resinas con fibras celulósicas termoendurecibles de alta densidad

Bloque temático 2. CR 06

Horizontal:

2   Conjunto compuesto de molduras que sirve de remate de una construcción

3   elemento configurador del alero de cubierta (perro pequeño)

6   elemento previo a la colocación de la carpintería de la ventana

10   revestimiento para proteger el muro de tapial

13   tipo de muro capaz de captar la energía calorífica y disiparla en el interior

14   tabique para formación de pendiente en cubiertas planas

15   Parte inferior del tejado, que sale fuera de la pared y sirve para desviar de ella las aguas llovedizas.

Vertical:

1   estrategia de control de acciones medioambientales sin aportación energética

4   panel de madera que permite confinar el hormigón vertido

5   llave entomológica

7   figura geométrica que se genera en el cerramiento al abrir un hueco

8   monobloc de ventana y persiana

9   protección absurda del canto de forjado en muros de ladrillo

11   Canal que se hace en la cara inferior de la corona de la cornisa

12   revestimiento horizontal de yeso, principalmente, techos

Bloque temático 2. CR 07

Horizontal:

- 2 acción de guarnecer con mortero de cemento
- 5 acción de revestir con mortero de yeso negro
- 6 material amorfo de construcción de baja demanda energética
- 7 material de las juntas elásticas
- 9 urdimbre metálica para paneles prefabricados
- 13 panel de resinas con fibras celulósicas termoendurecibles de alta densidad
- 14 prima de ladrillo que recibe y distribuye las aguas sucias generadas por un edif
- 15 peto de protección de la cubierta plana

Vertical:

- 1 tipo de mortero apto para conseguir flexibilidad en el muro de fábrica
- 3 elemento que permite el vuelo de la cubierta
- 4 plano vertical de cerramiento del hueco de fachada
- 8 perforación para ventilación de fachada
- 10 cargadero
- 11 obstaculo orgánico del canalon
- 12 sacar lustre o brillo a un mortero

Bloque temático 2. CR 08

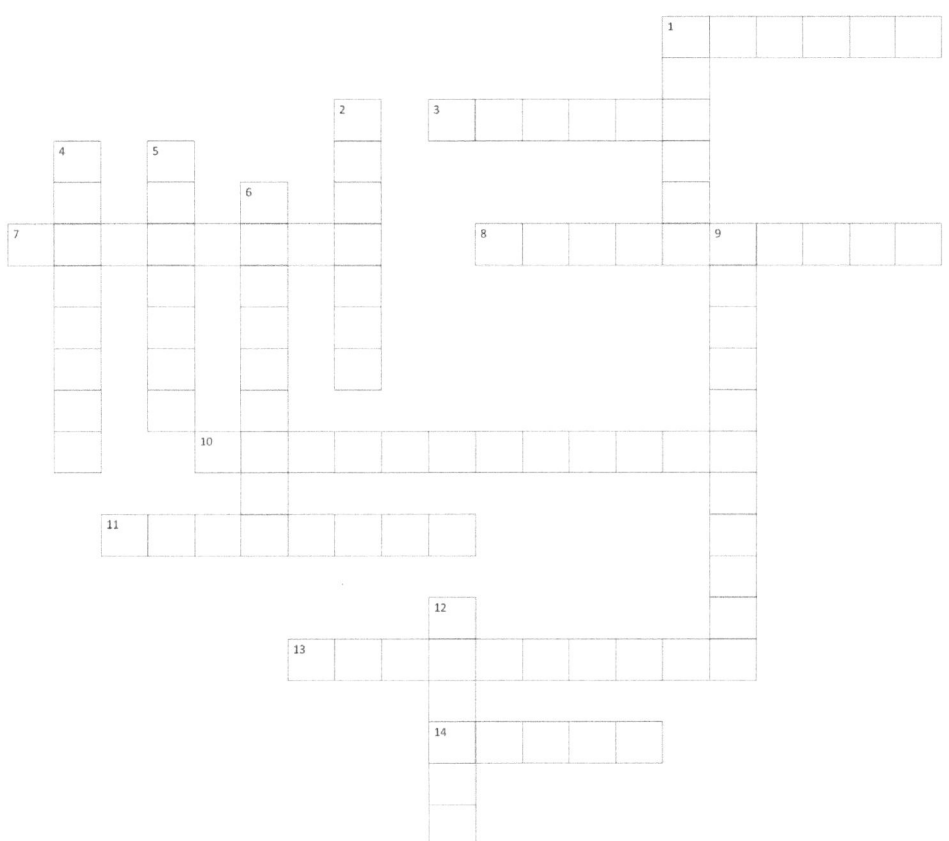

Horizontal:

1 junta horizontal continua de un muro de fábrica
3 aire en movimiento
7 junta de fachada para materiales prefabricados
8 protección absurda del canto de forjado en muros de ladrillo
10 revestimiento para proteger el muro de tapial
11 tabique para formación de pendiente en cubierta inclinada
13 monobloc de ventana y persiana
14 leyes que regulan la colocación de las piezas de una fábrica

Vertical:

1 tipo de muro capaz de captar la energía calorifica y disiparla en el interior
2 Canal que se hace en la cara inferior de la corona de la cornisa
4 llave entomológica
5 revestimiento horizontal de yeso, principalmente, techos
6 panel de madera que permite confinar el hormigón vertido
9 forma de colocar las llaves de unión en un muro multicapa

Bloque temático 2. CR 09

Horizontal:

4   material pétreo utilizado en el aula como recurso docente
6   tabique de formación de pendiente saltarín
8   Pieza vertical central de una armadura de cubierta que trabaja a tracción
9   Capacidad de controlar las filtraciones de aire o agua
11 Inclinación de las armaduras de cubierta
12 cubierta inundada y controlada para posterior ajardinamiento
14 madero en que se afirman los pares y forma el lomo de la armadura

Vertical:

1   Pieza de madera horizontal de un cuchillo para impedir la separación de pares
2   cubierta sin ventilación
3   Parte de una pieza de cubierta que monta sobre otra
5   pieza convexa de la teja árabe
6   armadura de madera para la base estructural de la cubierta
7   Siempre que el impermeabilizante esté por encima del aislamiento
10 emparedado constructivo
13 cada uno de los dos maderos que en una armadura tiene la inclinación del tejado

Bloque temático 2. SL 10

```
          y  j  a  j  s  g  u  g  c  p
       u  v  p  a  t  h  a  m  ñ  u  b  p
    z  p  v  e  o  m  e  á  u  j  i  q  j  z
 o  t  o  o  r  d  d  b  w  d  g  k  i  á  e  a
s  r  h  d  o  m  m  c  a  a  g  m  e  é  m  i  í  n
a  d  c  w  r  e  i  n  j  n  s  j  m  t  c  f  ó  á
t  e  o  o  r  a  e  é  c  w  o  h  m  n  r  i  g  q
e  n  r  t  e  b  u  p  x  e  z  i  a  z  c  e  d  n
d  h  t  c  p  i  w  m  a  h  d  t  s  a  z  h  i  v
p  n  a  u  o  l  e  n  o  d  i  h  s  u  z  t  k  v
w  v  v  d  a  i  k  í  u  m  a  n  d  j  r  r  g  á
q  n  a  e  í  d  z  b  s  l  e  h  g  f  n  t  f  s
u  q  p  u  e  a  d  a  c  d  a  k  c  w  b  m  x  i
m  t  o  c  a  d  r  z  n  q  j  ñ  e  a  c  z  ñ  e
    k  r  a  í  t  q  o  b  s  q  s  l  g  f  j  é
       a  g  r  a  c  e  r  b  o  s  q  é  l  s
          o  o  t  n  e  i  m  a  r  r  e  c
             h  x  j  e  f  p  z  f  d  c
```

Palabras:

permeabilidad	trasmitancia	condensación	extrusionado	cerramiento
vierteguas	sobrecarga	cortavapor	acueducto	fachada
jambas	orden	perro	nula	sate

Bloque temático 2. SL 11

```
        f  p  a  l  o  m  e  r  o  n
        f  z  a  h  g  g  l  x  r  x  s  c
     é  u  l  e  t  n  a  n  e  r  d  ñ  ñ  m
   n  ó  r  e  t  o  g  e  l  e  d  n  e  t  u  í
a  k  a  e  o  b  y  ñ  h  é  q  p  p  m  l  f  q  u
l  s  p  y  v  r  c  a  l  i  c  a  s  t  r  a  d  o
l  í  u  v  e  a  e  r  x  f  t  c  í  l  l  k  o  l
i  h  y  t  n  o  a  d  e  g  d  n  b  o  m  d  d  w
t  j  t  e  é  l  i  t  a  a  m  h  s  a  a  o  o  o
e  t  k  n  x  l  c  r  z  g  l  u  r  z  e  d  t  a
l  r  x  c  g  i  r  o  c  w  r  i  l  v  w  i  n  x
l  a  z  o  i  l  a  m  x  k  p  a  ñ  q  q  d  e  y
a  b  q  f  w  o  z  b  v  o  i  r  c  n  ñ  n  i  h
g  a  q  r  é  b  g  e  s  p  d  y  e  b  h  e  v  k
   d  h  a  í  s  d  a  a  o  ñ  ñ  c  n  e  t  s
      x  d  y  e  r  c  t  c  e  s  a  s  l  j
         o  x  r  d  l  á  y  e  y  ñ  t  m
            e  t  ñ  w  y  í  h  n  p  e
```

Palabras:

calicastrado	tresbolillo	galletilla	capialzado	encofrado
cargadero	drenante	mariposa	palomero	tendido
goterón	trombe	tendel	viento	traba

Bloque temático 2. SL 12

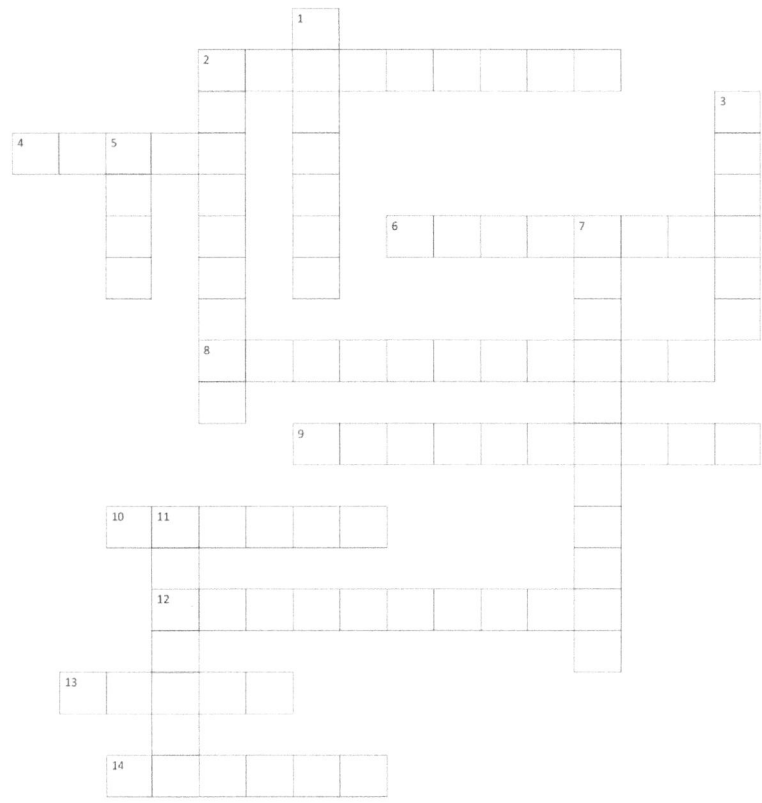

Horizontal:

2. acción de revertir un trasdosado mediante pasta de yeso negro
4. elemento de sujeción para aislamiento exterior (también denominado LP)
6. revestimiento exterior de piezas con perfilería
8. espacio ideal para leer en las tardes de primavera
9. cómo axifiar al muro mediante una barrera
10. estrategia de control de acciones medioambientales sin aportación energética
12. nunca lo coloques a oeste
13. plano vertical delimitador del hueco
14. acero atractivo sólo a arquitectos/as

Vertical:

1. parte de la estructura auxiliar anclada al cerramiento para sujetar la fachada
2. lámina que protege al aislamiento térmico en fachada invertida ventilada
3. diagrama de confort
5. sistema de fachada invertida no ventilada
7. ¿qué consume más energía en mi casa?
11. medio auxiliar para encaramarse y acceder a las alturas

Bloque temático 2. SL 13

```
            x  d  í  n  s  b  t  m  e  ñ
         x  s  a  b  m  a  j  y  o  d  ñ  e
      x  q  v  i  z  y  u  v  p  t  a  v  x  o
   n  k  n  y  k  t  b  g  a  w  c  d  e  t  r  b
o  t  ó  í  a  o  j  n  e  l  ñ  u  i  á  r  í  r  s
r  e  j  i  x  o  t  j  t  u  j  d  l  b  u  x  f  ñ
d  n  w  a  c  i  r  n  r  n  m  e  i  k  s  s  g  k
e  h  n  g  t  a  a  g  e  k  v  u  b  c  i  f  á  m
n  s  r  r  y  s  g  i  i  j  c  a  v  o  a  í  d
í  r  o  a  l  m  n  v  á  m  a  e  h  n  c  l  s
f  g  r  c  p  r  i  p  e  e  v  a  m  f  a  h  e  v
g  s  r  e  a  y  t  j  é  d  c  é  r  q  d  a  x  f
g  s  e  r  v  e  a  e  d  a  n  h  e  r  o  d  s  é
a  r  p  b  a  s  n  f  m  w  e  o  p  j  e  a  d  k
   i  j  o  t  á  c  k  f  h  g  q  c  s  t  c  h
      u  s  r  j  i  é  d  l  d  u  t  e  u  l
         z  o  w  a  l  c  y  k  j  j  é  r
            c  f  w  d  ñ  p  f  y  w  f
```

Palabras:

permeabilidad	trasmitancia	condensación	extrusionado	cerramiento
vierteguas	sobrecarga	cortavapor	acueducto	fachada
jambas	orden	perro	nula	sate

Bloque temático 2. RV 14

1	rscaidtcaalo	....
2	tmreob	....
3	rnedenta	....
4	detondi	....
5	cerdafoon	....
6	isteblolrol	....
7	ndelte	....
8	brtaa	....
9	oaapsirm	....
10	alllieatlg	....
11	otóregn	....
12	lpmeorao	....
13	daceogrra	....
14	oalcizadpa	....
15	etoniv	....

Bloque temático 2. RV 15

1	niigov	....
2	rvatpcraoo	....
3	caapoadl	....
4	ceurganer	....
5	aidmona	....
6	rtlears	....
7	eats	....
8	iasapv	....
9	oscdi	....
10	fcaloccenia	....
11	ooiimtordr	....
12	redeainvrno	....
13	xioleegtt	....
14	mbaaj	....
15	teornc	....

Bloque temático 2. RV 16

1   ldrsocaatcai ....

2   rbetom ....

3   nneeradt ....

4   oeindtd ....

5   enacfdoro ....

6   rbilltosole ....

7   edeltn ....

8   atrba ....

9   paaimsro ....

10 latillelga ....

11 rotgnóe ....

12 pamorole ....

13 ragodaerc ....

14 zdpaialcoa ....

15 eonvti ....

3. SISTEMA DE ENVOLVENTE HORIZONTAL: CUBIERTAS

3.1. Conceptos generales: exigencias y tipos funcionales según normativa vigente –CTE

Conformación de la cubierta: base estructural, capa intermedia y material de acabado. La cubierta como elemento integrador de la envolvente inclinada y/u horizontal. Tipologías según exigencias de confort higrotérmico –CTE DB HS1 Protección frente a la humedad y HE1 Limitación de demanda energética, acústico –CTE DB HR Protección frente al ruido- y correcta accesibilidad –CTE DB SUA Seguridad de utilización y accesibilidad.

3.2. Cubiertas inclinadas

Estructura principal y formación de pendientes. Formación de faldones. Comportamiento higrotérmico: cubiertas frías o calientes/tradicionales o invertidas. Sistema de evacuación de aguas pluviales. Puntos vulnerables: aleros, captación-derivación y eliminación de aguas, pendientes. Tipologías según adecuación de materiales de cubrición a las pendientes del faldón: pendiente elevada: material pétreo; pendiente media: material cerámico; pendiente baja: chapa y fibrocemento.

3.3. Cubiertas planas

Base estructural. Formación de faldones y soporte de la impermeabilización. Capas separadoras. Criterios de elección de materiales que aseguran el buen comportamiento higrotérmico: aislamiento térmico e impermeabilización. Sistemas constructivos: cubiertas frías o calientes/tradicionales o invertidas. Transitabilidad de la cubierta: sistemas de capas intermedias y materiales de acabado. Sistema de evacuación de aguas pluviales. Cubiertas especiales: ajardinadas y aljibes.

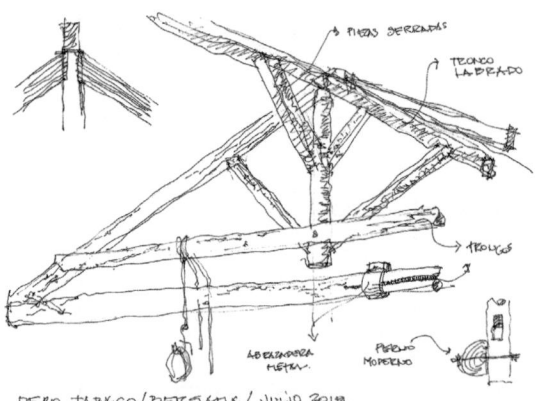

Figura 05. Análisis formal y constructivo de la estructura de cubierta del espacio cultural municipal. Pergamo, Turquía, 2019. Cuadernos de viaje. Roberto Goycoolea Prado, 2023.

Bloque temático 3. CR 01

Horizontal:

3 madero en que se afirman los pares
  y forma el lomo de la armadura
6 tabique de formación de pendiente
  saltarín
7 Capacidad de controlar las filtraciones
  de aire o agua
10 Parte de una pieza de cubierta que
  monta sobre otra
12 Siempre que el impermeabilizante esté
  por encima del aislamiento
13 cubierta inundada y controlada para
  posterior ajardinamiento
14 Pieza de madera horizontal de un cuchillo
  para impedir la separación de pares
15 armadura de madera para la base
  estructural de la cubierta

Vertical:

1 Pieza vertical central de una armadura
  de cubierta que trabaja a tracción
2 cada uno de los dos maderos que en una
  armadura tiene la inclinación del tejado

4 material pétreo utilizado en el aula como
  recurso docente
5 Inclinación de las armaduras de cubierta
8 pieza convexa de la teja árabe
9 emparedado constructivo
11 cubierta sin ventilación

BLOQUE TEMÁTICO 3. CR 02

Horizontal:

- 2 tabique de formación de pendiente avícola
- 4 cubierta plana fría no transitable propia del noreste de España
- 6 madero horizontal sobre los pares del cuchillo para apoyo de cabios
- 7 caño de desagüe sobresaliente de cubierta amigo del jorobado de notredame
- 9 procedimiento para unir dos chapas de metal doblando el borde de cada uno
- 11 parte inferior del tejado que sobresale del cerramiento
- 12 pieza que enlaza los pares con el tirante de las armaduras
- 13 canalización vertical de aguas pluviales
- 14 lima correspondiente a un ángulo entrante

Vertical:

- 1 lámina separadora
- 3 teja plana
- 5 parte de una pieza de cobertura de cubierta que cubre la otra
- 7 cubierta plana fría flotante no transitable propia del noroeste de España
- 8 plano de apoyo de material de cobertura para cubierta inclinada
- 10 listones gruesos de madera utilizado para casi todo

Bloque temático 3. CR 03

Horizontal:

2 tipo de hormigón aligerado para formación de pendiente
4 desván
8 protección pesada para cubierta invertida flotante
9 consecuencia de la colocación de tejas en cubiertas de más de 40° de inclinación
11 iluminación cenital en cubierta plana mediante elemento semicircular
13 línea o superficie por la que se hace un empalme, ensambladura o costura
14 peanas de apoyo de material de acabado en cubierta fria no transitable

Vertical:

1 rejilla para desagüe que se coloca en patios y azoteas
3 elemento de sujeción para pizarras de cubierta de pendiente media
4 ventana saliente en plano vertical respecto de cubierta inclinada
5 bridas metálicas que soportan el canalón de cubierta
6 colocación de la teja sin ningún sistema de sujeción
7 baldosa catalana de pequeñas dimensiones
10 elemento de sujeción para tejas curvas en cubiertas de gran pendiente
12 protección metálica infantil en los quiebros de las cubiertas de pizarra

Bloque temático 3. CR 04

Horizontal:

4 hormigón con fibras que sustituyen al armado
5 acción vertical del viento que afecta, especialmente, a las cubiertas
8 cualidad de los materiales facilmente deformables
10 corrugado
11 capacidad de las cubiertas de evitar filtraciones no controladas
13 acero con oxidación controlada
14 cuando el impermeabilizante está bajo el aislamiento térmico
15 disposición de las piezas de cobertura

Vertical:

1 cada una de las partes ejecutadas en el muro de tapial
2 cubierta ventilada
3 cúpula realizada mediante barras y nudos cuyo nombre debe a su inventor
6 organismo vivo que se acomoda sobre las cubiertas aportando una sobrecarga debido al hábitat que se construye
7 Torre pequeña esbelta con ventanas, colocada en cúpulas históricas
9 cubierta sobre la que podemos estar
12 pieza cerámica convexa sobre la canal

Bloque temático 3. CR 05

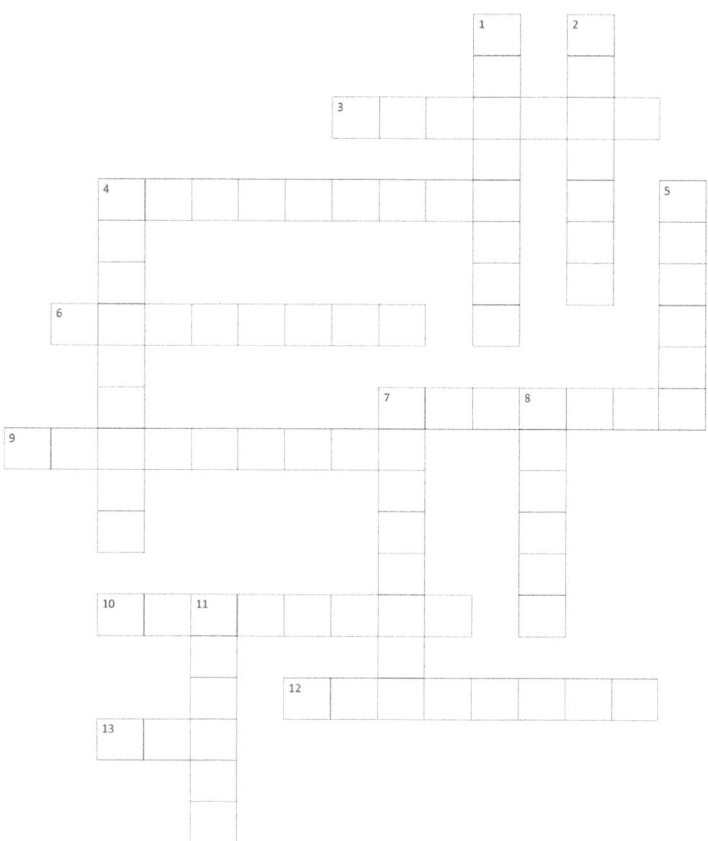

Horizontal:

3 plano de soporte de todo tipo de cubiertas
4 Inclinación de las armaduras de cubierta
6 tabique de formación de pendiente con vocación de altura
7 material pétreo utilizado en el aula como recurso docente
9 viga de madera apoyada axialmente al muro de carga
10 armadura de madera para la base estructural de la cubierta
12 emparedado constructivo
13 cada uno de los dos maderos que en una armadura tiene la inclinación del tejado

Vertical:

1 cubierta sin ventilación
2 Pieza de madera horizontal de un cuchillo para impedir la separación de pares
4 muros paralelos de soporte para la estructura de cubierta de pares de madera
5 viga cumbrera exenta que logra el equilibrio gracias a los pares que acometen a ella
7 Pieza vertical central de una armadura de cubierta que trabaja a tracción
8 cubierta inundada y controlada para posterior ajardinamiento
11 elemento lineal de la capa intermedia de una cubierta inclinada capaz de cubrir la luz entre la estructura principal de la misma

Bloque temático 3. CR 06

Horizontal:

1 lámina separadora que evita el punzonamiento
3 teja plana
4 cubierta plana fria no transitable propia del noreste de España
7 procedimiento para unir dos chapas de metal doblando el borde de cada uno
9 madero horizontal sobre los pares del cuchillo para apoyo de cabios
10 canalización vertical de aguas pluviales
13 para formar un doble tablero sobre los tabiques conejeros
14 Ángulo diedro entrante que forman dos vertientes o faldones de una cubierta
15 listones gruesos de madera utilizado para casi todo

Vertical:

2 pieza que enlaza los pares con el tirante de las armaduras
5 cubierta plana fría flotante no transitable propia del noroeste de España
6 chapa bañada en cinc fundido para que no se oxide
8 teja curva
11 Ángulo diedro saliente que forman dos vertientes o faldones de una cubierta
12 caño de desagüe sobresaliente de cubierta amigo del jorobado de notredame

Bloque temático 3. CR 07

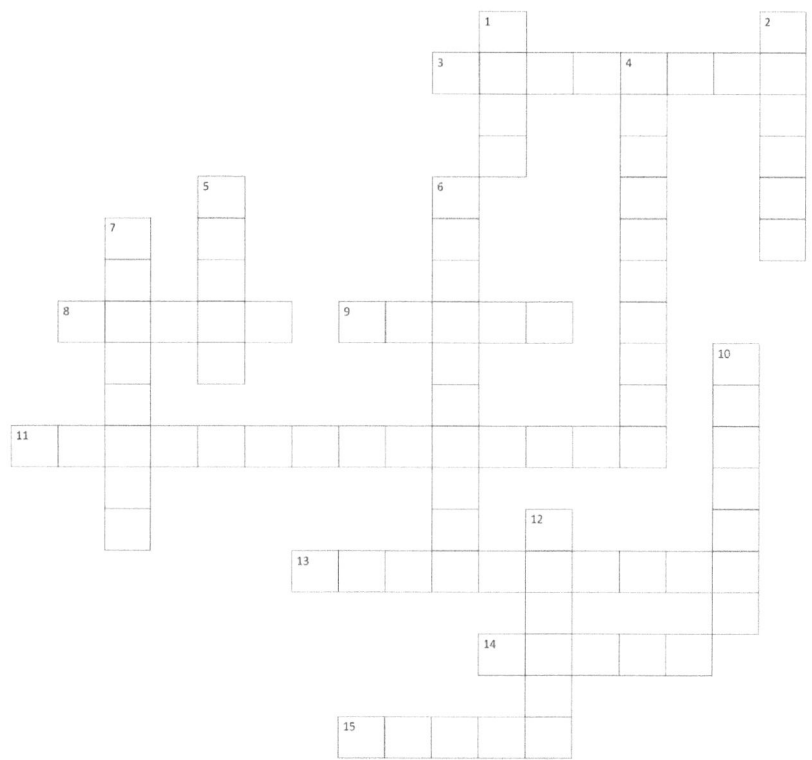

Horizontal:

3　elemento saliente que facilita el desagüe de patios y cubiertas o azoteas

8　peanas de apoyo de material de acabado en cubierta fria no transitable

9　protección pesada para cubierta invertida flotante

11　consecuencia de la colocación de tejas en cubiertas de más de 40º de inclinación

13　bridas metálicas que soportan el canalón de cubierta

14　ventana saliente en plano vertical respecto de cubierta inclinada

15　elemento de sujeción para tejas curvas en cubiertas de gran pendiente

Vertical:

1　colocación de la teja sin ningún sistema de sujeción

2　elemento de sujeción para pizarras de cubierta de pendiente media

4　iluminación cenital tanto en cubierta plana como inclinada

5　línea o superficie por la que se hace un empalme, ensambladura o costura

6　espacio bajo cubierta no habitable -según las condiciones de confort-

7　elemento de pavimentación de pequeñas dimensiones para cubiertas catalanas

10　tipo de hormigón aligerado para formación de pendiente

12　protección metálica infantil en los quiebros de las cubiertas de pizarra

Bloque temático 3. RV 08

1	mlaatsei	....
2	hoyiamla	....
3	arelmpoo	....
4	jcoeerno	....
5	cobjia	....
6	hloclicu	....
7	etorgotduapai	....
8	veirdtnia	....
9	soplt	....
10	loera	....

BLOQUE TEMÁTICO 3. SL 09

```
        l  y  q  g  ñ  s  f  á  e  b
        y  ñ  l  h  z  x  f  f  s  s  s  g
     o  d  h  a  y  c  j  a  t  y  r  d  o  y
  j  r  n  d  j  r  f  i  a  j  p  f  m  i  á  q
c  e  e  á  x  o  é  r  n  w  e  i  á  á  r  f  á  d
q  y  j  s  á  s  i  q  a  n  d  x  b  j  t  t  z  q
r  y  e  g  e  c  u  l  d  z  o  n  e  o  a  q  i  x
k  ñ  n  c  u  e  h  o  u  s  i  é  a  ñ  c  n  s  n
o  p  o  h  i  c  l  i  m  n  ñ  p  j  s  v  u  m  h
k  i  c  d  r  ó  a  y  l  k  s  v  ñ  e  t  r  g  p
i  m  a  f  n  e  n  l  u  e  t  o  r  w  a  é  e  á
á  d  z  s  i  s  f  a  i  g  r  t  l  p  v  n  o  w
l  g  c  y  a  m  j  l  k  e  i  a  r  a  d  p  g  n
á  i  t  á  k  h  t  j  e  d  n  p  d  i  p  d  x  í
     j  m  f  j  x  c  i  a  c  a  t  e  y  u  e  c
        b  u  p  m  í  b  y  m  t  n  e  u  k  k
        t  d  v  j  e  ñ  y  t  o  x  ñ  v
        h  x  n  d  o  e  x  s  r  v
```

Palabras:

estanqueidad	pendiente	invertida	reflector	caliente
conejero	sandwich	pendolón	pizarra	solape
cobija	aljibe	hilera	atrio	par

Bloque temático 3. SL 10

```
        y  v  v  v  a  j  r  v  f  ñ
     j  r  q  r  y  a  m  g  ñ  y  c  t
  y  u  t  g  í  f  m  n  p  ñ  l  f  v  i
b  m  g  t  a  b  r  a  z  a  d  e  r  a  v  r
é  a  v  r  i  i  q  b  é  k  g  x  g  r  a  v  a  í
g  l  v  d  x  é  g  a  l  l  i  d  r  a  h  u  b  p
a  d  f  y  o  t  n  e  i  m  a  z  a  l  p  s  e  d
n  o  v  í  u  x  e  b  k  i  g  z  j  a  e  é  r  o
c  s  w  v  d  b  z  ñ  y  y  d  l  k  z  n  a  r  k
h  í  z  c  t  f  y  r  á  w  í  d  í  í  d  e  a  ñ
o  n  r  a  l  u  l  e  c  p  l  o  t  s  b  t  q  á
í  f  l  r  k  d  g  j  c  n  h  y  x  a  e  á  ñ  v
u  z  u  s  m  í  h  l  h  p  u  h  b  l  c  g  é  é
í  i  b  l  u  c  e  r  n  a  r  i  o  l  o  ñ  q  r
  w  v  a  p  á  j  x  o  n  ñ  z  s  l  w  f  d
     b  e  a  t  a  l  r  g  a  m  d  q  c  l
        a  t  n  u  j  m  c  u  n  í  f  i
           c  l  a  v  o  e  r  o  k  r
```

Palabras:

desplazamiento	abrazadera	buhardilla	lucernario	cazoleta
baldosín	celular	gancho	babero	junta
grava	plots	clavo	beata	vana

BLOQUE TEMÁTICO 3. RV 11

1   nedetenip   ....

2   aplseo   ....

3   qnuaaeedtsid   ....

4   icaobj   ....

5   apzrair   ....

6   lbaeji   ....

7   eilctena   ....

8   nraeivtid   ....

9   rintaet   ....

10   rpa   ....

11   elhari   ....

12   econrjoe   ....

13   iawdcsnh   ....

14   ocuichll   ....

15   npónedol   ....

Bloque temático 3. RV 12

1   riaucteb   ....

2   ietinsarces   ....

3   iautesnedadq   ....

4   zul   ....

5   dadifnadia   ....

6   eionvt   ....

7   cóuisnc   ....

8   erfrctoel   ....

9   gltvaee   ....

10   oslpae   ....

11   oibcaj   ....

12   ancla   ....

13   vdlcaaa   ....

14   paancmoo   ....

15   lreulf   ....

16   tlaairbents   ....

17   arneitt   ....

18   erooecjn   ....

BLOQUE TEMÁTICO 3. RV 13

```
        p   r   j   u   y   n   d   y   c   á
    í   e   a   z   z   n   e   í   t   a   o   u
u   l   í   k   u   e   ó   ñ   í   o   p   c   r   b   r
e   l   j   l   í   i   w   é   d   a   s   e   a   o   i   e
h   u   l   e   á   c   á   ñ   f   c   w   s   r   t   n   s   j   p
f   j   e   b   c   c   r   t   o   v   i   g   c   b   t   a   b   a
d   a   e   u   a   e   l   n   q   s   i   e   h   a   f   d   l   c
s   i   s   j   e   t   o   a   t   q   l   e   n   m   a   p   z   o
q   í   a   a   s   m   i   e   t   f   h   q   n   d   á   u   z   n
y   r   a   f   n   q   n   s   e   e   u   f   a   t   e   r   q   e
c   n   s   a   a   c   h   r   n   e   g   v   l   t   o   ñ   u   j
e   v   o   f   i   n   v   e   i   a   a   e   n   f   p   c   n   e
o   é   l   a   á   i   i   d   r   l   r   a   v   q   v   s   p   r
q   h   a   i   z   á   a   d   c   c   r   t   z   x   t   l   k   o
    z   p   k   w   d   t   k   a   i   s   é   j   t   ñ   r   j
        e   v   í   e   d   h   t   d   ñ   d   a   l   ñ   é
            r   ñ   q   c   u   b   i   e   r   t   a   w
                í   u   j   á   n   í   y   s   a   j
```

Palabras:

estanqueidad	resistencia	transitable	diafanidad	reflector
cubierta	monocapa	conejero	succión	vegetal
clavada	tirante	viento	solape	cobija
fuller	canal	luz		

4. Sistema de cerramiento interior

4.1. Conceptos generales y específicos
Exigencias contractivas. Conceptos y resolución de los diferentes tipos constructivos. Tabiquería seca y húmeda. La división interior como elemento integrador de las instalaciones.

5. Acabados

5.1. Conceptos generales y específicos: revestimientos verticales
Revestimientos y acabados en elementos verticales. Conceptos generales. Tipos. Revestimientos y acabados continuos y discontinuos.

5.2. Conceptos generales y específicos: revestimientos horizontales
Revestimientos y acabados en elementos horizontales. Pavimentación. Exigencias. Componentes. Tipos. Pavimentos continuos y discontinuos. Falsos techos.

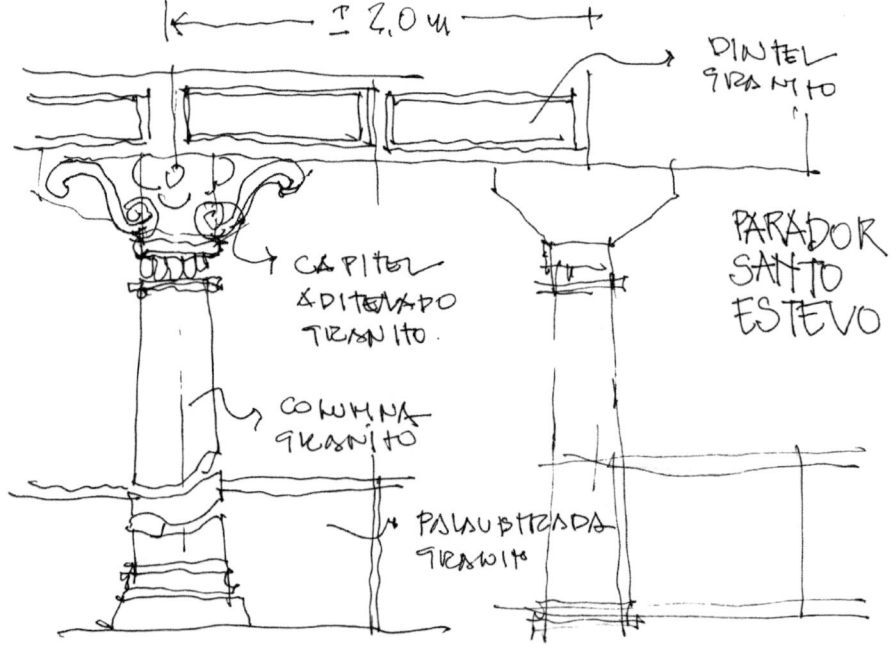

Figura 06. Análisis formal y constructivo de la división interior del antiguo monasterio de Santo Estevo, Ourense, 2018. Cuadernos de viaje. Roberto Goycoolea Prado, 2023.

BLOQUE TEMÁTICO 4 Y 5. CR 01

Horizontal:

1   pintura básica para paramentos verticales interiores
4   revestimiento exterior para paramentos verticales u horizontales de cal
5   Revestimiento continuo, compuesto de cal apagada y polvo de mármol, y a veces de alabastro o yeso cuyo acabado vitrificado se consigue aplicando planchas a altas temperaturas
9   Tapial* reforzado en su estructura con lechadas de cal, vertida cada vez que se vuelven a colocar los tableros, antes de echar la nueva tongada de tierra
10 revestimiento tradicional de morteros naturales de cal y arcillas bruñidos con jabon natural gracias a un canto rodado
11 revestimiento interior para paramentos verticales de mortero de yeso blanco
12 revestimiento para paramentos verticales de mortero de cemento, con capacidad de impermeabilizar

Vertical:

2   pintura para paramentos interiores facilmente limpiable y estable frente al agua
3   Sustancia plástica que se emplea principalmente en la preparación de barnices, adhesivos y aislantes térmicos.
6   entarimado construido con piezas de madera fina formando dibujos
7   revestimiento interior para paramentos verticales de mortero de yeso negro
8   disolución de sustancias resinosas en un líquido volátil que, aplicados a determinados materiales, los protege frente a la humedad y los hace brillar (o no)

BLOQUE TEMÁTICO 4 Y 5. SL 02

```
        p   w   k   o   r   a   z   d   t   n
      á   í   j   z   ñ   s   í   c   k   u   b   h
    q   d   g   i   f   o   r   r   a   b   w   o   í   a
  n   q   r   i   ñ   u   r   b   k   y   c   n   r   o   n   é
é   í   b   j   f   p   ñ   x   s   p   í   g   y   d   x   w   á   t
a   s   o   d   l   a   b   q   i   n   é   w   k   i   é   b   é   s
j   t   b   a   l   l   i   d   r   a   b   l   a   l   í   z   h   a
n   m   e   f   f   f   z   a   l   ñ   z   a   o   l   i   s   j   n
q   x   r   h   z   é   j   d   q   g   a   d   á   o   á   k   x   a
c   n   e   o   l   i   r   b   w   ñ   a   z   r   í   í   c   c   r
y   h   n   r   r   z   a   s   a   t   b   h   u   b   m   i   r   t
í   t   j   m   á   a   b   é   a   l   c   y   e   l   l   t   f   j
d   o   e   i   l   r   n   c   ñ   o   d   l   d   u   e   á   o   k
w   j   n   g   r   c   i   ñ   e   m   o   o   a   g   g   j   é   x
  c   o   ó   c   l   a   l   b   z   í   r   s   u   á   v   o
    z   n   a   k   d   h   s   d   g   ñ   í   w   d
      s   l   é   e   k   w   i   é   d   m   f   n
        ñ   r   o   á   h   u   t   t   y   u
```

Palabras:

albardilla	hidraulica	alicatado	berenjeno	baldosín
bordillo	hormigón	alféizar	azulejo	baldosa
bruñir	barro	cal		

Bloque temático 4 y 5. CR 03

Horizontal:

4 Cada uno de los reglones que al levantar un muro se fijan verticalmente para asegurar en ellos la cuerda que va indicando las hiladas

5 Tablero de virutas orientadas antes del proceso de prensado

7 tablero elaborado con finas chapas de madera pegadas con las fibras transversalmente una sobre la otra con resinas sintéticas mediante fuerte presión y calor

10 rebajo hecho en la fábrica para empotrar tubos o canalizaciones

12 tipo de tabiquería que no precisa mortero ni presencia de agua

13 función que debe cumplir la tabiquería respecto a espacios colindantes

14 placa de yeso colocada sobre subestructura de chapa

15 Yeso fino calcinado, utilizado en construcción para fabricar placas y elementos ornamentales y, en medicina, para endurecer vendajes

Vertical:

1 acción de proyectar a alta presión hormigón sobre una superficie mediante una manguera

2 placa prefabricada reutilizable y trasladable

3 aditivo del mortero de cemento para aumentar su plasticidad

6 acrónimo de prisma cerámico de 7 cm

8 separación prefabricada utilizada, sobre todo, en espacios de trabajo

9 abrigo de las tuberías

11 tipo de flecha del forjado con peligro si se transmite al tabique

Bloque temático 4 y 5. CR 04

Horizontal:

4   Cada uno de los reglones que al levantar un muro se fijan verticalmente para asegurar en ellos la cuerda que va indicando las hiladas
5   Tablero de virutas orientadas antes del proceso de prensado
7   tablero elaborado con finas chapas de madera pegadas con las fibras transversalmente una sobre la otra con resinas sintéticas mediante fuerte presión y calor
10 rebajo hecho en la fábrica para empotrar tubos o canalizaciones
12 tipo de tabiquería que no precisa mortero ni presencia de agua
13 función que debe cumplir la tabiquería respecto a espacios colindantes
14 placa de yeso colocada sobre subestructura de chapa
15 Yeso fino calcinado, utilizado en construcción para fabricar placas y elementos ornamentales y, en medicina, para endurecer vendajes

Vertical:

1   acción de proyectar a alta presión hormigón sobre una superficie mediante una manguera
2   placa prefabricada reutilizable y trasladable
3   aditivo del mortero de cemento para aumentar su plasticidad
6   acrónimo de prisma cerámico de 7 cm
8   separación prefabricada utilizada, sobre todo, en espacios de trabajo
9   abrigo de las tuberías
11 tipo de flecha del forjado con peligro si se transmite al tabique

BLOQUE TEMÁTICO 4 Y 5. CR 05

csrltaocaaid ....

atquper ....

eluonicd ....

aucgonredi ....

nsecooafd ....

alitsapc ....

emltep ....

ulatnripooe ....

ziarnb ....

kdattlae ....

eolaacnd ....

uecots ....

BLOQUE TEMÁTICO 4 Y 5. SL 06

```
        s  w  é  o  s  t  f  e  c  o
     a  v  q  d  n  e  c  ñ  v  n  u  i
   é  g  f  i  c  n  d  n  y  a  x  j  é  i
 w  á  s  c  y  c  a  w  r  t  e  l  k  t  á  z
d  y  i  u  s  a  o  í  l  e  u  é  g  j  á  i  ñ  p
n  x  l  k  l  t  i  d  r  i  u  e  b  t  n  f  l  r
s  n  u  a  ñ  k  á  u  a  h  c  j  l  r  h  a  í  z
e  j  d  l  q  a  i  ñ  é  c  á  a  a  p  s  x  c  é
y  o  v  d  n  l  d  e  t  r  s  b  s  t  m  f  g  o
v  y  o  h  o  e  k  s  j  b  l  o  i  t  q  e  d  b
q  i  í  p  l  d  í  r  d  n  s  c  f  z  r  i  t  é
o  q  x  ñ  ñ  a  e  s  j  c  a  q  q  n  c  a  p  o
u  s  z  s  x  t  ñ  t  f  c  i  z  z  e  e  z  d  e
o  z  f  í  t  e  u  q  r  a  p  g  n  r  ñ  p  s  o
   h  h  o  v  é  c  a  a  z  n  r  s  o  x  t  ñ
     q  s  l  p  d  e  ñ  x  a  c  d  z  u  u
        e  f  p  b  w  h  u  q  s  j  c  í
           j  n  p  l  g  a  h  ñ  o  i
```

Palabras:

calicastrado	poliuretano	guarnecido	enfoscado	enlucido
plastica	tadelakt	encalado	parquet	temple
barniz	estuco			

BLOQUE TEMÁTICO 4 Y 5. RV 07

1	xeincneoiotrn	interconexion
2	reebapulerc	recuperable
3	eeienancddsp	dependencias
4	iaallbñ	albañil
5	neemtnarpe	permanente
6	raiorntcpe	carpintero
7	ribfdoacaepr	prefabricado
8	ylcoeasa	escayola
9	vseap	paves
10	inutdago	gunitado
11	prcantocdaaah	contrachapada
12	aredma	madera
13	lrbteoa	tablero
14	lmooaradge	aglomerado
15	eteandlo	entelado

Bloque temático 4 y 5. SL 08

```
          t  n  a  u  i  w  e  l  ñ  u
       g  a  l  o  x  a  a  a  n  w  m  s
    v  g  b  a  á  i  o  z  r  l  t  k  t  r
  t  é  a  t  f  r  ñ  x  r  y  á  o  e  t  d  é
é  c  ñ  q  d  i  e  e  j  e  e  é  y  l  g  k  c
o  i  o  f  t  g  c  p  d  í  n  t  f  p  a  a  w  r
l  c  á  z  á  ñ  p  k  w  a  i  o  n  á  a  c  d  q
m  g  u  n  i  t  a  d  o  i  m  r  c  i  u  v  s  o
s  q  p  e  r  m  a  n  e  n  t  e  ·  j  r  p  l  e  e
p  r  e  f  a  b  r  i  c  a  d  o  b  u  e  r  j  s
í  á  q  y  w  q  t  a  o  b  n  e  n  j  í  t  a  d
o  d  a  r  e  m  o  l  g  a  g  d  v  i  m  n  c
d  e  p  e  n  d  e  n  c  i  a  s  o  s  í  n  b  i
q  ñ  r  y  e  é  e  r  e  c  u  p  e  r  a  b  l  e
   j  t  x  c  o  n  t  r  a  c  h  a  p  a  d  a
      a  w  g  í  p  h  p  e  h  q  á  c  d  í
         f  t  o  r  e  l  b  a  t  m  t  á
            p  o  d  ñ  k  w  g  g  f  y
```

Palabras:

interconexion	contrachapada	dependencias	prefabricado	recuperable
permanente	carpintero	aglomerado	escayola	gunitado
entelado	albañil	tablero	madera	paves

Bloque temático 4 y 5. CR 09

Horizontal:

5 Formada por partes fabricadas previamente para su montaje posterior
8 Acción y efecto de interconectar espacios
11 Yeso fino calcinado, utilizado en construcción para fabricar placas y elementos ornamentales y, en medicina, para endurecer vendajes
13 Parte sólida de los árboles cubierta por la corteza
14 espacios habitables
15 Tabla de una materia rígida

Vertical:

1 Persona que se dedica profesionalmente a la albañilería
2 Plancha de fragmentos de madera prensados y mezclados con cola.
3 técnica de proyectar con manguera a alta presión un mortero sobre un paramento vertical
4 Persona que por oficio trabaja y labra madera
6 material o elemento de construcción susceptible de reutilizarse
7 Tablero formado por varias capas finas de madera encoladas de modo que sus fibras queden entrecruzadas
9 Acción y efecto de entelar
10 elemento con vocación de eternidad
12 adoquin de vidrio armado

Bloque temático 4 y 5. SL 10

```
        n   k   j   z   o   á   e   r   a   j
        k   q   ñ   é   a   s   s   n   n   d   n   q
        c   o   o   b   d   t   t   ñ   z   d   x   e   i   ñ
    í   y   d   t   c   e   e   a   r   m   a   d   a   o   s   w
l   j   o   a   n   t   f   l   a   b   a   u   p   n   f   o   e   o
p   h   i   d   e   e   o   o   w   l   y   s   u   k   p   á   t   r
ñ   é   n   i   i   d   r   z   i   k   l   h   d   a   w   n   o   r
í   e   i   l   m   m   m   a   m   m   é   a   t   o   e   í   c   b
é   w   m   i   a   p   a   c   g   w   b   o   m   i   s   o   t   n
w   w   u   b   r   á   c   p   í   r   l   é   m   ñ   c   a   h   i
e   j   l   a   t   j   i   x   v   o   b   a   d   e   b   á   d   w
w   e   a   t   s   n   ó   x   g   g   r   w   r   i   f   á   z   o
i   o   e   s   o   á   n   í   r   t   z   á   c   l   y   x   s   f
x   o   y   e   i   e   a   t   o   f   m   ó   e   c   a   r   g   a
    d   s   ñ   r   l   k   p   x   i   n   c   r   i   q   í   x
        g   g   r   c   m   v   c   n   h   k   h   r   n   o
            t   a   e   m   o   x   a   v   s   f   f   j
                i   z   h   á   ñ   y   á   z   j   o
```

Palabras:

Arriostramiento	Empotramiento	Deformación	Estabilidad	Trasdosado
Patología	Cerámico	Aluminio	Cazoleta	Tabicón
Resina	Flecha	Armada	Carga	Malla

SISTEMA DE CERRAMIENTO INTERIOR

BLOQUE TEMÁTICO 4 Y 5. RV 11

1	nsiiacotensal	....
2	pusmmoeaga	....
3	potolneiile	....
4	aolluqci	....
5	fogeu	....
6	onmgohir	....
7	tiaiqaerub	....
8	edcsconniesnao	....
9	cochro	....
10	eaansilt	....
11	loasicte	....
12	cceoaimr	....
13	maenojt	....
14	erlpif	....
15	unsrnecteo	....

BLOQUE TEMÁTICO 4 Y 5. RV 12

1 eormstaead ....

2 crolhuidai ....

3 esyo ....

4 agicerdnou ....

5 nmeecot ....

6 ftaodasra ....

7 acl ....

8 eodulinc ....

9 aadtcilao ....

10 durobiñ ....

11 peogtneam ....

12 usctoe ....

13 pnurtia ....

14 etpmel ....

15 etnmeroioccm ....

SOLUCIONES

1. Introducción

Bloque temático 1. CR 01

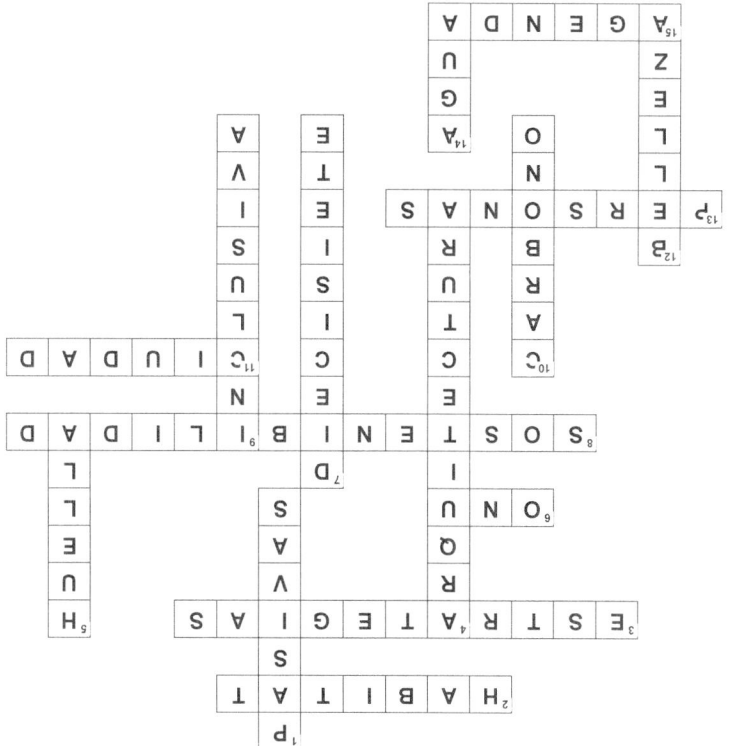

1	aeddbonliitssi	sostenibilidad
2	daeang	agenda
3	agau	agua
4	udicda	ciudad
5	siavpas	pasivas
6	setsrtaegai	estrategias
7	caoronb	carbono
8	ahellu	huella
9	onsrspea	personas
10	nuo	onu
11	ahitbat	habitat
12	aruteturiqac	arquitectura
13	zlablee	belleza
14	naluivsic	inclusiva
15	tieeciedis	diecisiete

BLOQUE TEMÁTICO 1. RV 03

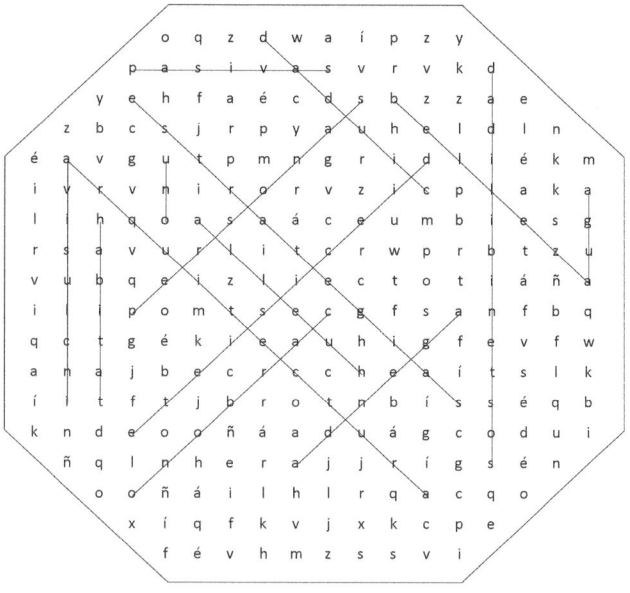

BLOQUE TEMÁTICO 1. SL 02

2. Sistemas de envolvente vertical: fachadas y cerramientos

Bloque temático 2. CR 01

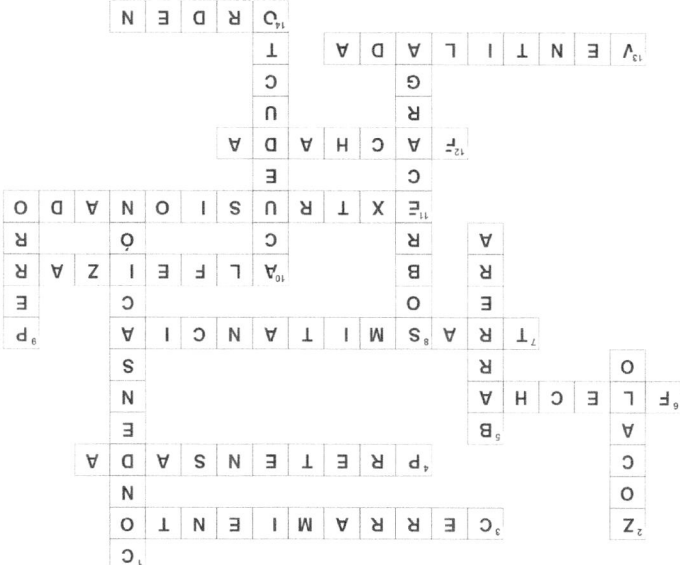

Bloque temático 2. CR 02

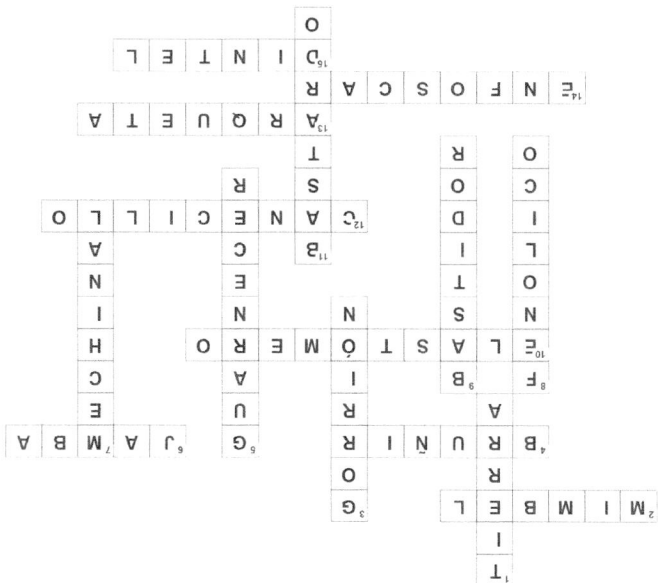

Bloque temático 2. CR 03

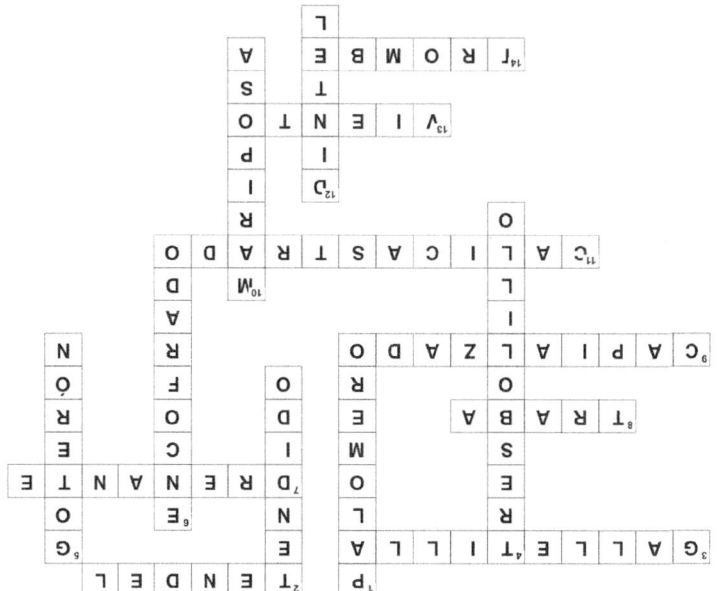

Bloque temático 2. CR 04

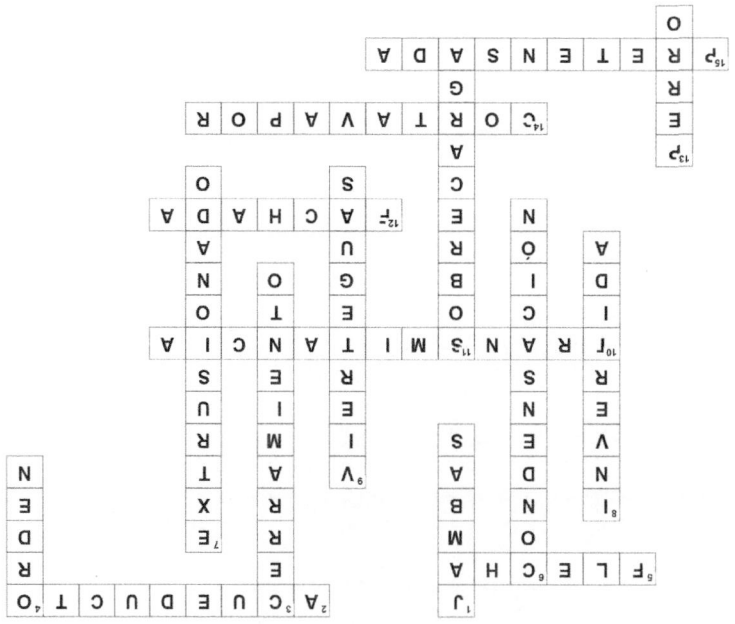

Bloque temático 2. CR 05

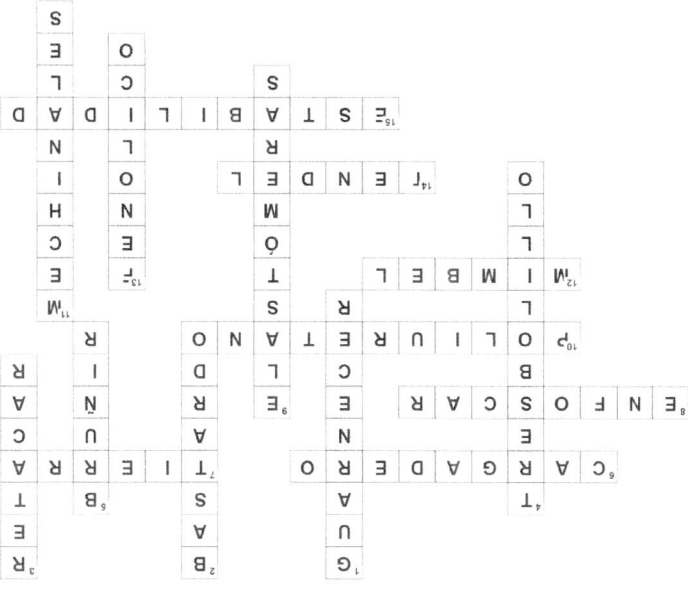

Bloque temático 2. CR 06

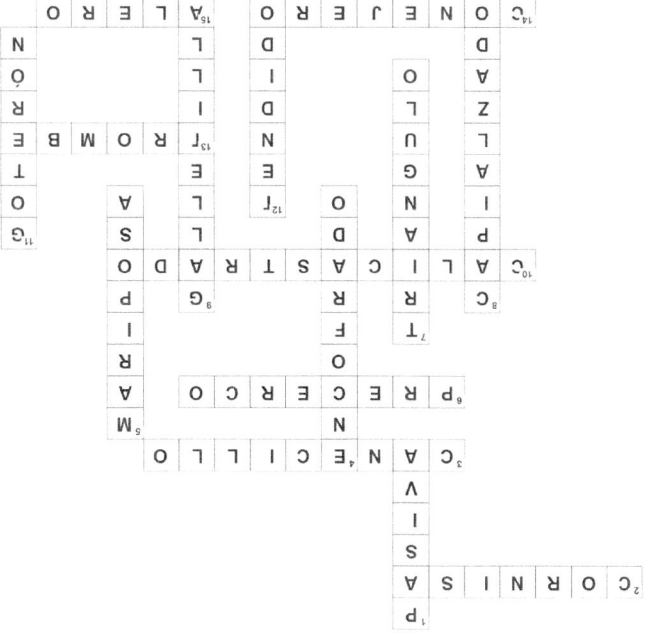

Bloque temático 2. CR 07

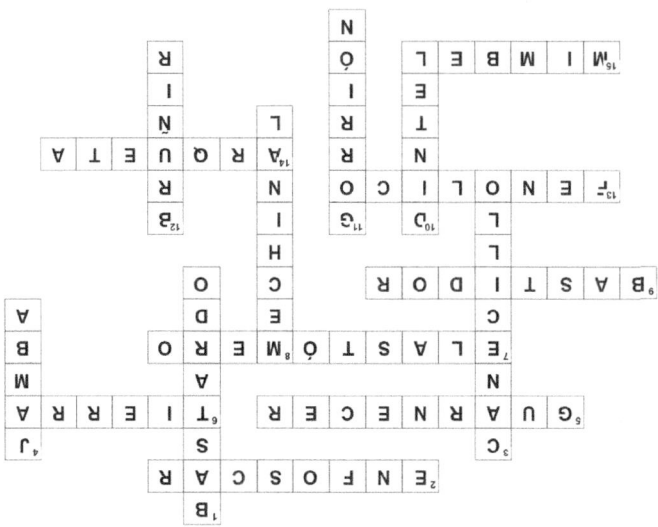

Bloque temático 2. CR 08

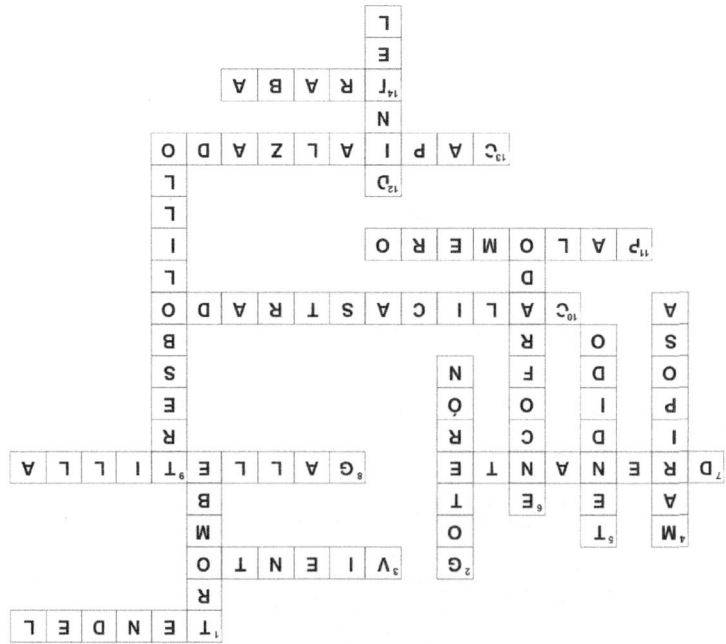

Bloque temático 2. CR 09

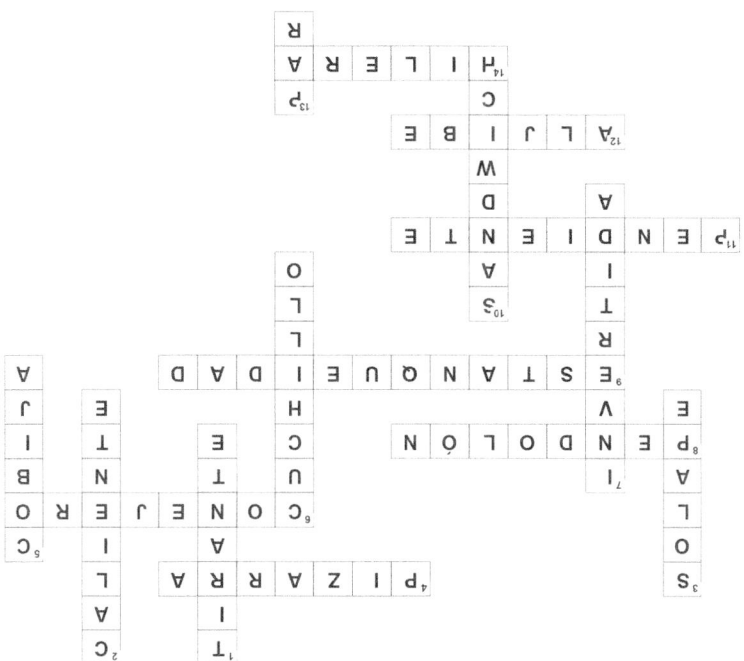

Bloque temático 2. SL 10

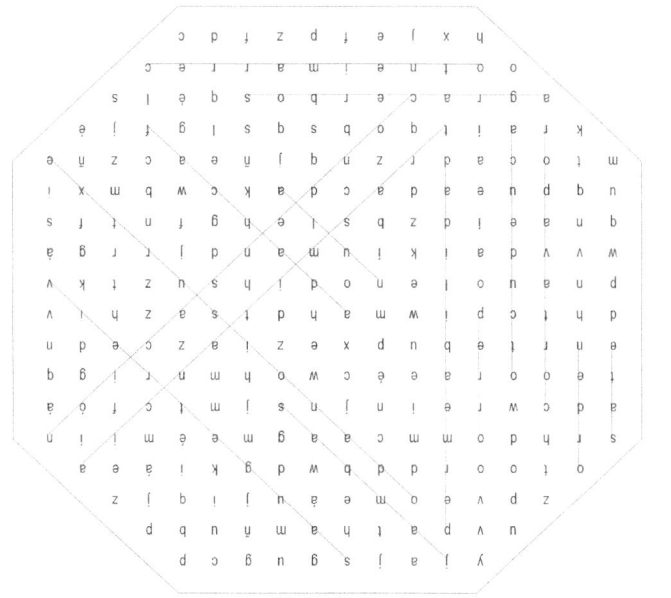

Bloque temático 2. SL 11

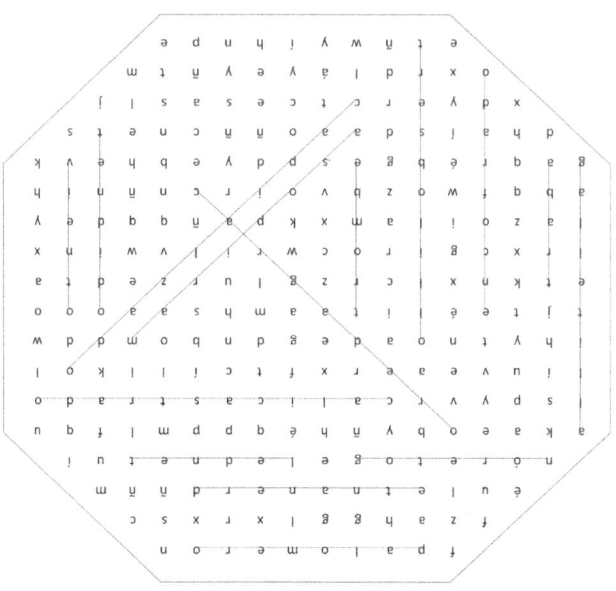

Bloque temático 2. SL 12

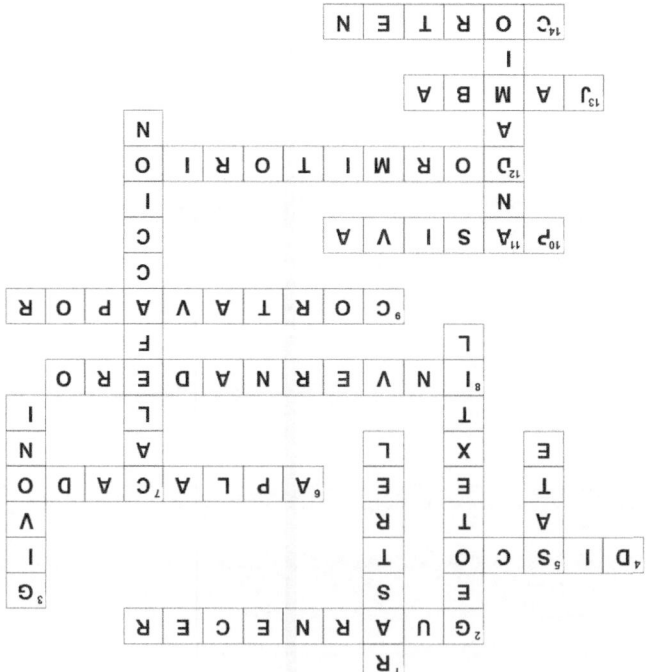

1	rscaidtcaalo	calicastrado
2	tmreob	trombe
3	rnedenta	drenante
4	detondi	tendido
5	cerdafoon	encofrado
6	isteblolrol	tresbolillo
7	ndelte	tendel
8	brtaa	traba
9	oaapsirm	mariposa
10	alllieatlg	galletilla
11	otóregn	goterón
12	lpmeorao	palomero
13	daceogrra	cargadero
14	oalcizadpa	capialzado
15	etoniv	viento

BLOQUE TEMÁTICO 2. RV 14

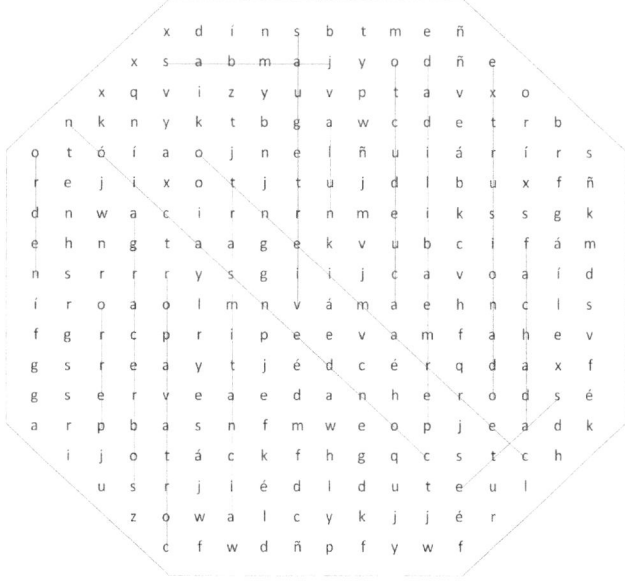

BLOQUE TEMÁTICO 2. SL 13

1	ldrsocaatcai	calicastrado
2	rbetom	trombe
3	nneeradt	drenante
4	oeindtd	tendido
5	enacfdoro	encofrado
6	rbilltosole	tresbolillo
7	edeltn	tendel
8	atrba	traba
9	paaimsro	mariposa
10	latillelga	galletilla
11	rotgnóe	goterón
12	pamorole	palomero
13	ragodaerc	cargadero
14	zdpaialcoa	capialzado
15	eonvti	viento

BLOQUE TEMÁTICO 2. RV 16

1	niigov	givoni
2	rvatpcraoo	cortavapor
3	caapoadl	aplacado
4	ceurganer	guarnecer
5	aidmona	andamio
6	rtlears	rastrel
7	eats	sate
8	iasapv	pasiva
9	oscdi	disco
10	fcaloccenia	calefaccion
11	ooiimtordr	dormitorio
12	redeainvrno	invernadero
13	xioleegtt	geotextil
14	mbaaj	jamba
15	teornc	corten

BLOQUE TEMÁTICO 2. RV 15

3. Sistema de envolvente horizontal: cubiertas

Bloque temático 3. CR 01

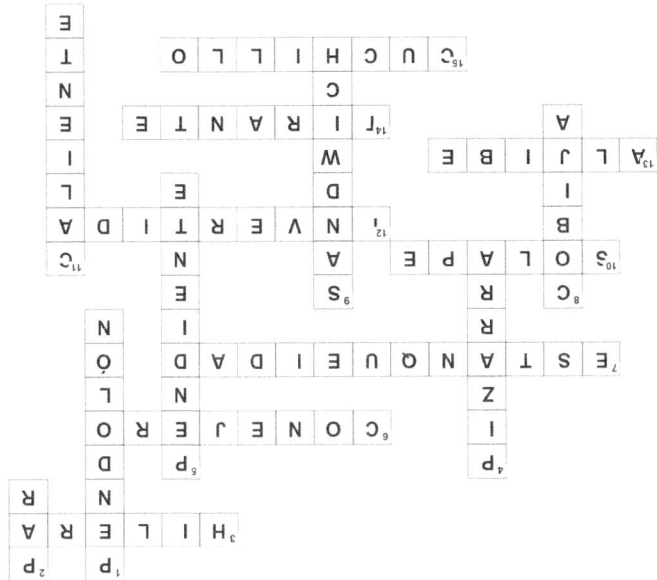

Bloque temático 3. CR 02

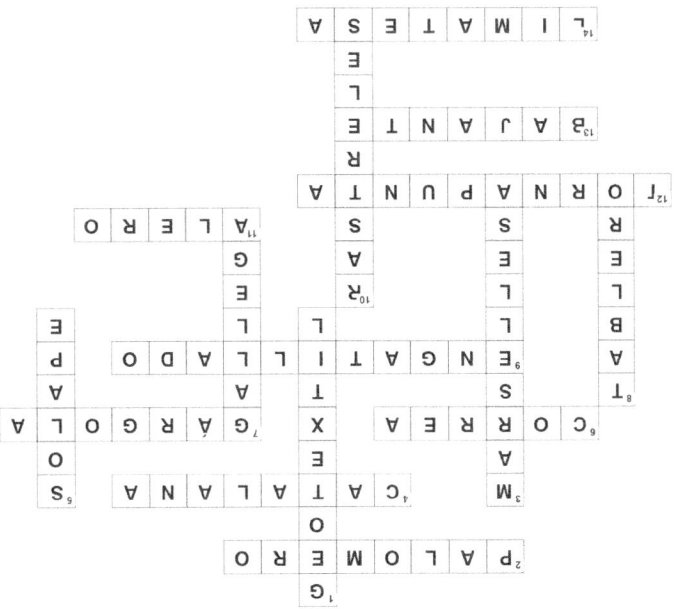

BLOQUE TEMÁTICO 3. CR 03

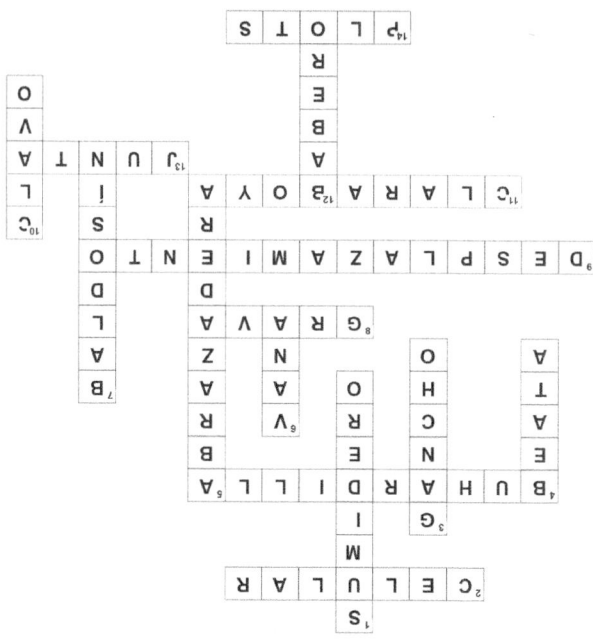

BLOQUE TEMÁTICO 3. CR 04

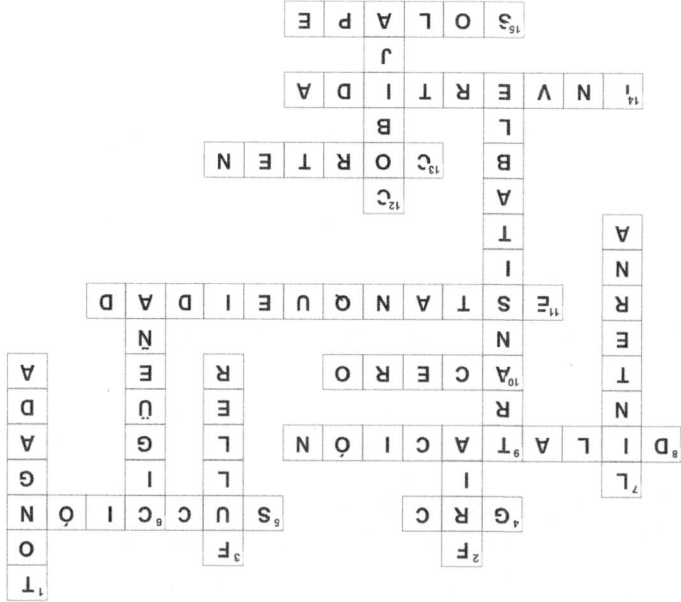

Bloque temático 3. CR 05

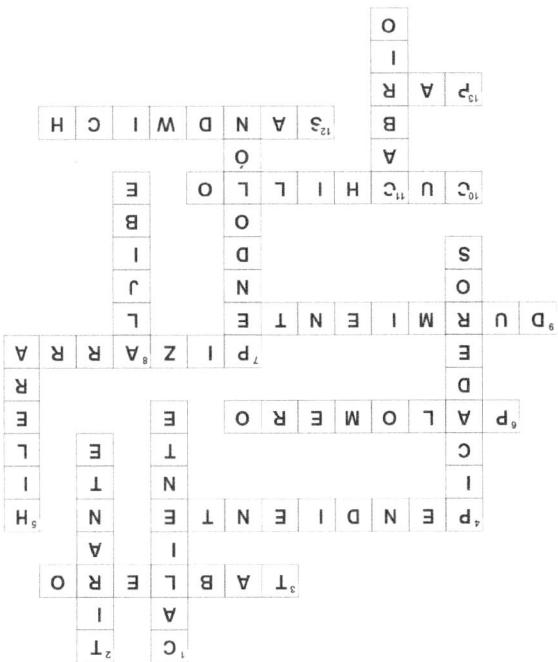

Bloque temático 3. CR 06

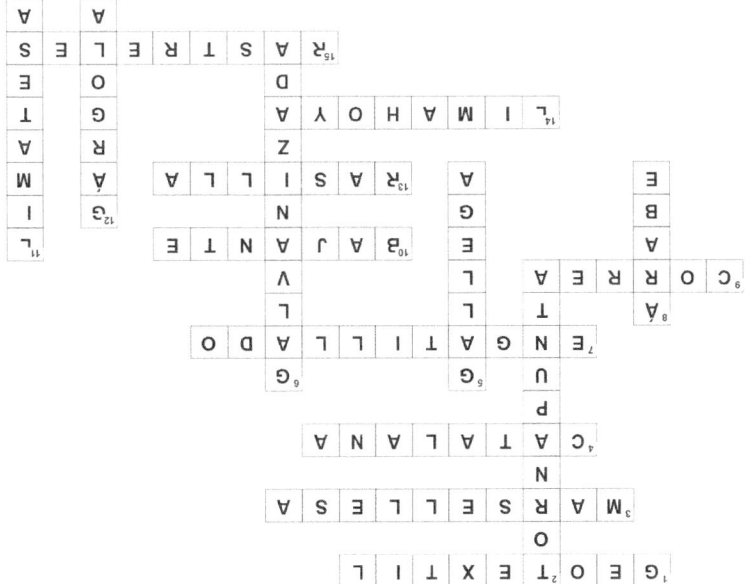

1	mlaatsei	limatesa
2	hoyiamla	limahoya
3	arelmpoo	palomero
4	jcoeerno	conejero
5	cobjia	cobija
6	hloclicu	cuchillo
7	etorgotduapai	autoprotegida
8	veirdtnia	invertida
9	soplt	plots
10	loera	alero

BLOQUE TEMÁTICO 3. RV 08

			¹V									²G
			³C	A	Z	⁴L	E	T	A			A
			N			U			N			N
			A			C			C			C
		⁵J			⁶B		E			H
⁷B		U			U		R			O
A		N			H		N			
⁸P	L	O	T	S		⁹G	R	A	V	A
D		A			R		A		¹⁰C
O					D		I		E
¹¹D	E	S	P	L	A	Z	A	M	I	E	N	T	O	L
Í					L			U
N					L		¹²B		L
			¹³A	B	R	A	Z	A	D	E	R	A
					L		B		R
					¹⁴B	E	A	T	A
							R
		¹⁵C	L	A	V	O

BLOQUE TEMÁTICO 3. CR 07

Bloque temático 3. SL 09

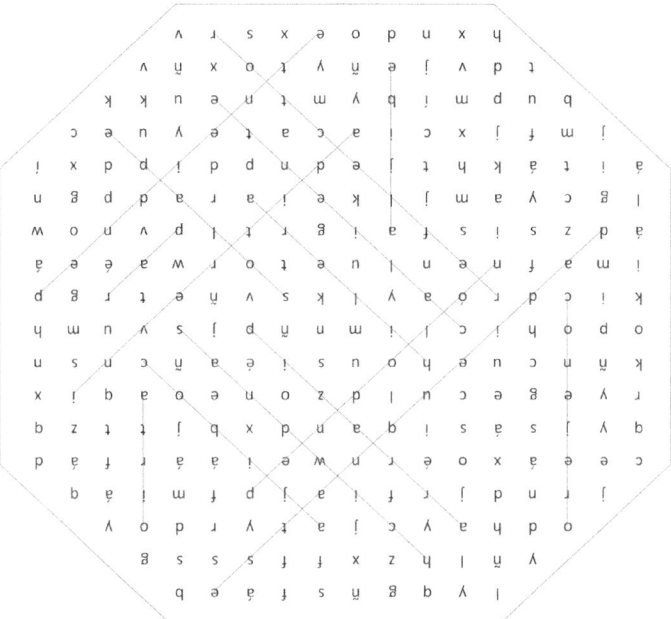

Bloque temático 3. SL 10

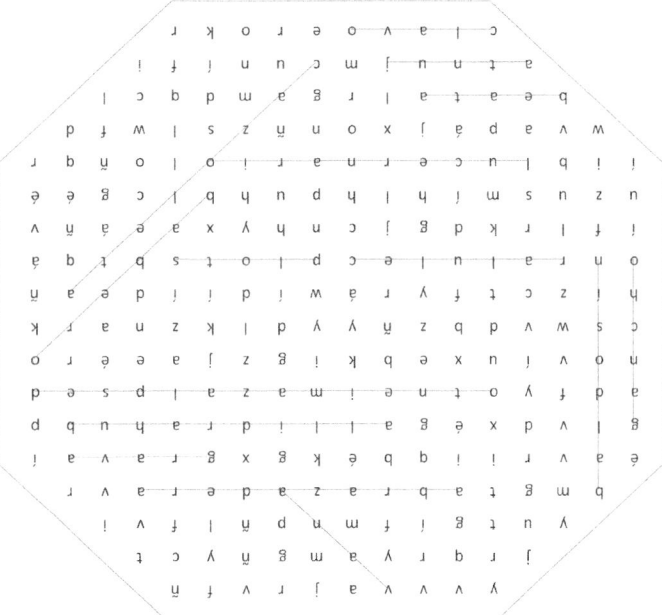

1	riaucteb	cubierta
2	ietinsarces	resistencia
3	iautesnedadq	estanqueidad
4	zul	luz
5	dadifnadia	diafanidad
6	eionvt	viento
7	cóuisnc	succión
8	erfrctoel	reflector
9	gltvaee	vegetal
10	oslpae	solape
11	oibcaj	cobija
12	ancla	canal
13	vdlcaaa	clavada
14	paancmoo	monocapa
15	lreulf	fuller
16	tlaairbents	transitable
17	arneitt	tirante
18	erooecjn	conejero

BLOQUE TEMÁTICO 3. RV 12

1	nedetenip	pendiente
2	aplseo	solape
3	qnuaaeedtsid	estanqueidad
4	icaobj	cobija
5	apzrair	pizarra
6	lbaeji	aljibe
7	eilctena	caliente
8	nraeivtid	invertida
9	rintaet	tirante
10	rpa	par
11	elhari	hilera
12	econrjoe	conejero
13	iawdcsnh	sandwich
14	ocuichll	cuchillo
15	npónedol	pendolón

BLOQUE TEMÁTICO 3. RV 11

Bloque temático 3. RV 13

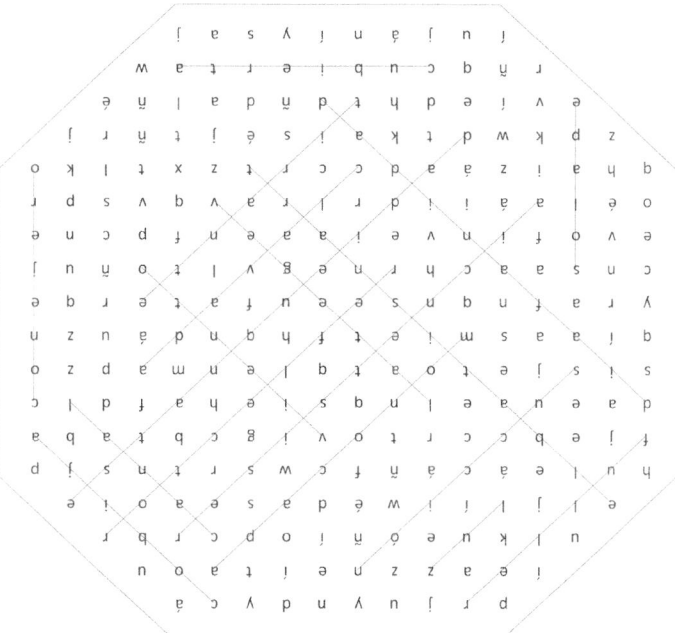

4. Sistema de cerramiento interior
5. Acabados

Bloque temático 4 y 5. CR 01

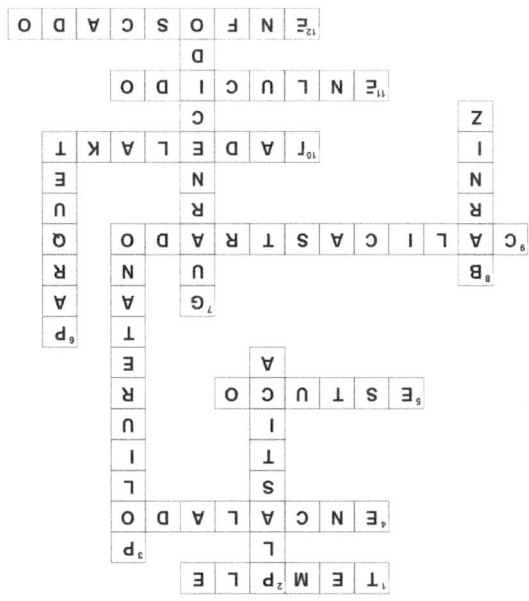

Bloque temático 4 y 5. SL 02

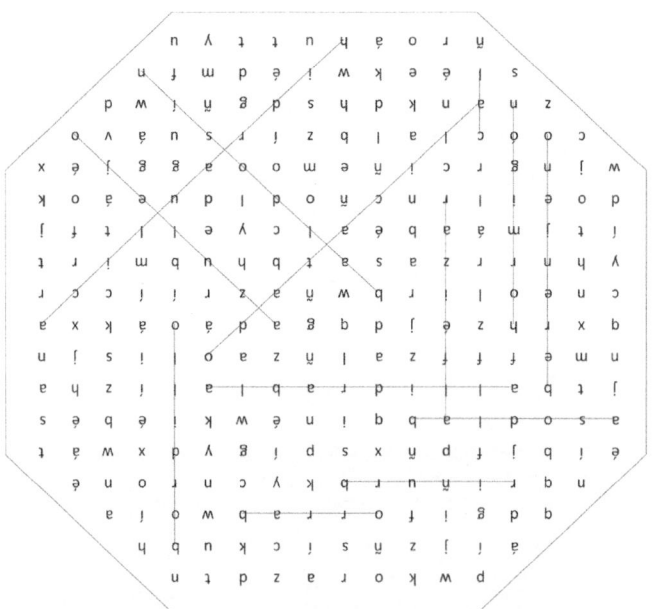

Bloque temático 4 y 5. CR 03

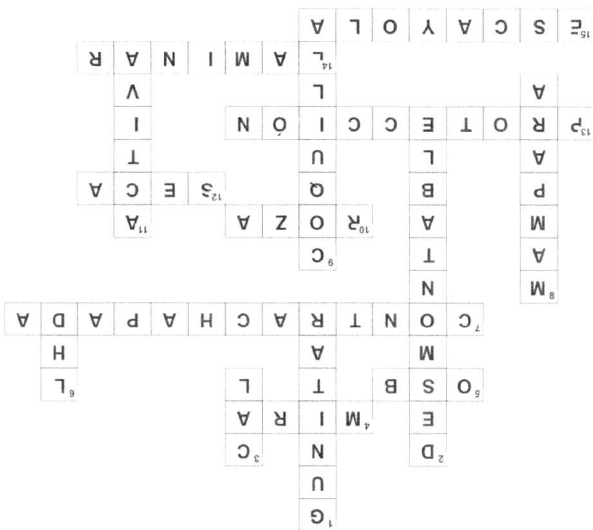

Bloque temático 4 y 5. CR 04

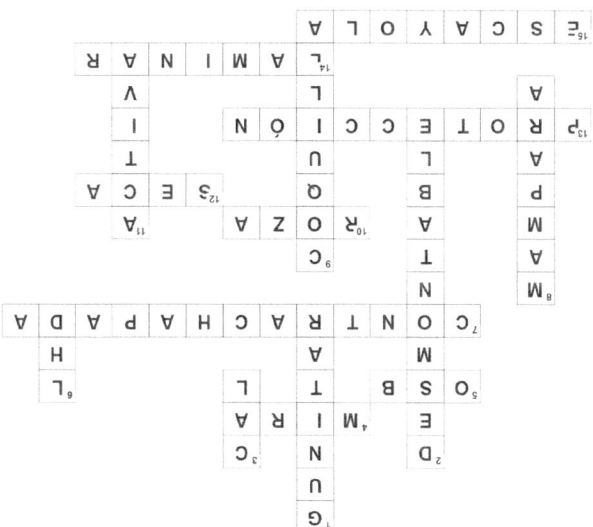

Bloque temático 4 y 5. RV 05

#		
1	lirsadctocaa	calicastrado
2	peqtaur	parquet
3	doenlicu	enlucido
4	goerdncaiu	guarnecido
5	oneadstco	enfoscado
6	lpicsata	plastica
7	leempt	temple
8	lpaoetriour	poliuretano
9	inazrb	barniz
10	ketalatd	tadelakt
11	nedacalo	encalado
12	ceutso	estuco

Bloque temático 4 y 5. SL 06

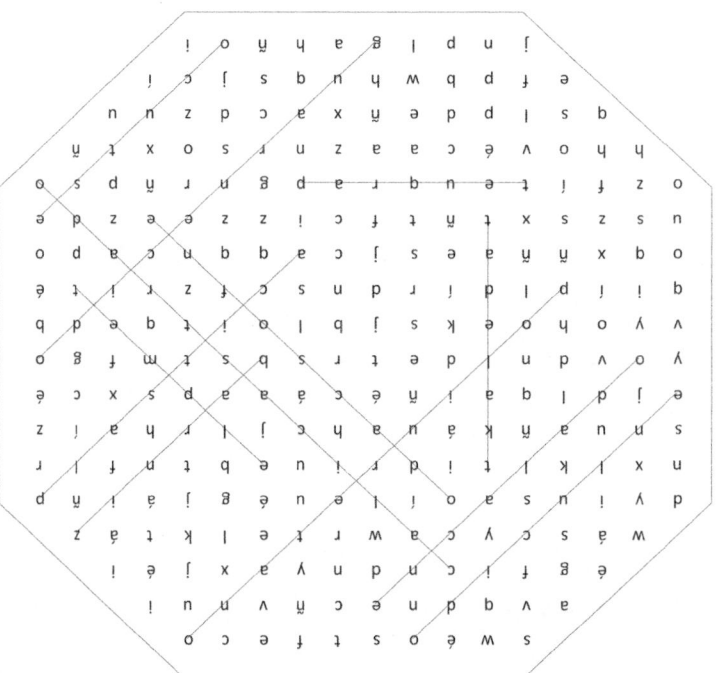

```
            t   n   a   u   i   w   e   l   ñ   u
        g   a   l   o   x   a   a   a   n   w   m   s
        v   g   b   a   á   i   o   z   r   l   t   k   t   r
    t   é   a   t   f   r   ñ   x   r   y   á   o   e   t   d   é
é   c   ñ   q   d   i   e   e   j   e   e   e   é   y   l   g   k   c
o   i   o   f   t   g   c   p   d   í   n   t   f   p   a   a   w   r
l   c   á   z   á   ñ   p   k   w   a   i   o   n   á   a   c   d   q
m   g   u   n   i   t   a   d   o   i   m   r   c   i   u   v   s   o
s   q   p   e   r   m   a   n   e   n   t   e   j   r   p   l   e   e
p   r   e   f   a   b   r   i   c   a   d   o   b   u   e   r   j   s
í   á   q   y   w   q   t   a   o   b   n   e   n   j   í   t   a   d
o   d   a   r   e   m   o   l   g   a   g   d   v   i   m   m   n   c
d   e   p   e   n   d   e   n   c   i   a   s   o   s   í   n   b   i
q   ñ   r   y   e   é   e   r   e   c   u   p   e   r   a   b   l   e
    j   t   x   c   o   n   t   r   a   c   h   a   p   a   d   a
        a   w   g   í   p   h   p   e   h   q   á   c   d   í
            f   t   o   r   e   l   b   a   t   m   t   á
                p   o   d   ñ   k   w   g   g   f   y
```

BLOQUE TEMÁTICO 4 y 5. SL 08

1	xeincneoiotrn	interconexion
2	reebapulerc	recuperable
3	eeienancddsp	dependencias
4	iaallbñ	albañil
5	neemtnarpe	permanente
6	raiorntcpe	carpintero
7	ribfdoacaepr	prefabricado
8	ylcoeasa	escayola
9	vseap	paves
10	inutdago	gunitado
11	prcantocdaaah	contrachapada
12	aredma	madera
13	lrbteoa	tablero
14	lmooaradge	aglomerado
15	eteandlo	entelado

BLOQUE TEMÁTICO 4 y 5. RV 07

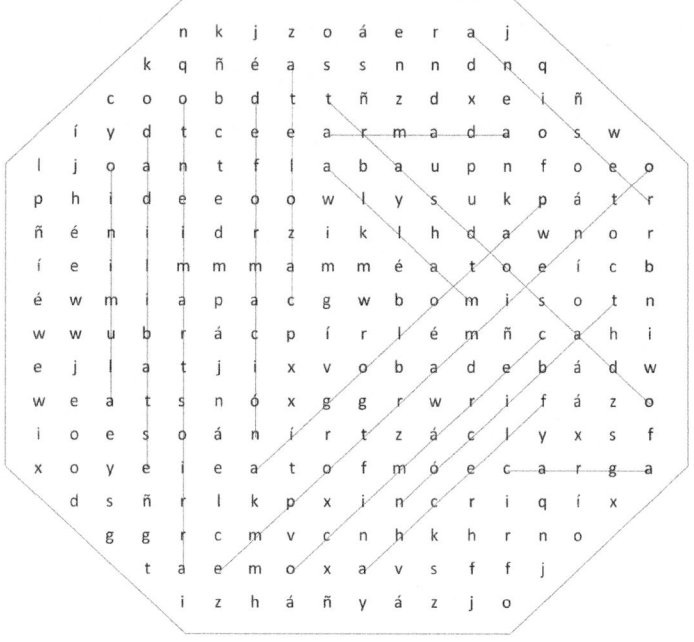

```
        n  k  j  z  o  á  e  r  a  j
        k  q  ñ  é  a  s  s  n  n  d  n  q
     c  o  o  b  d  t  t  ñ  z  d  x  e  i  ñ
   í  y  d  t  c  e  e  a  r  m  a  d  a  o  s  w
 l  j  o  a  n  t  f  l  a  b  a  u  p  n  f  o  e  o
 p  h  i  d  e  e  o  o  w  l  y  s  u  k  p  á  t  r
 ñ  é  n  i  i  d  r  z  i  k  l  h  d  a  w  n  o  r
 í  e  i  l  m  m  m  a  m  m  é  a  t  o  e  í  c  b
 é  w  m  i  a  p  a  c  g  w  b  o  m  i  s  o  t  n
 w  w  u  b  r  á  c  p  í  r  l  é  m  ñ  c  a  h  i
 e  j  l  a  t  j  i  x  v  o  b  a  d  e  b  á  d  w
 w  e  a  t  s  n  ó  x  g  g  r  w  r  i  f  á  z  o
 i  o  e  s  o  á  n  í  r  t  z  á  c  l  y  x  s  f
 x  o  y  é  i  e  a  t  o  f  m  ó  e  c  a  r  g  a
    d  s  ñ  r  l  k  p  x  i  n  c  r  i  q  í  x
    g  g  r  c  m  v  c  n  h  k  h  r  n  o
       t  a  e  m  o  x  a  v  s  f  f  j
       i  z  h  á  ñ  y  á  z  j  o
```

BLOQUE TEMÁTICO 4 Y 5. SL 10

¹A											²A	
L		³G					⁴C				G	
B		U					A				L	
A		N		⁵P	⁶R	E	F	A	B	R	I	⁷C	A	D	O		M	
Ñ		I			E				P		O		E	
⁸I	N	T	E	R	C	O	N	E	X	I	O	N		R	
L		A			U				N		T		A	
⁹E		D			P		¹⁰P		T		R		D	
N		O			E		E		E		A		O	
T					R		R		R		C			
¹¹E	S	C	A	Y	O	L	A		M		O		H			¹²P
L					B		A				¹³M	A	D	E	R	A
A					L		N				P					V
D		¹⁴D	E	P	E	N	D	E	N	C	I	A	S		E
O							N				D		S
							T				O
		¹⁵T	A	B	L	E	R	O

BLOQUE TEMÁTICO 4 Y 5. CR 09

1	eormstaead	maestreado
2	crolhuidai	hidraulico
3	esyo	yeso
4	agicerdnou	guarnecido
5	nmeecot	cemento
6	ftaodasra	fratasado
7	acl	cal
8	eodulinc	enlucido
9	aadtcilao	alicatado
10	durobiñ	bruñido
11	peogtneam	pegamento
12	usctoe	estuco
13	pnurtia	pintura
14	etpmel	temple
15	etnmeroioccm	microcemento

BLOQUE TEMÁTICO 4 y 5. RV 12

1	nsiiacotensal	instalaciones
2	pusmmoeaga	gomaespuma
3	potolneiile	polietileno
4	aolluqci	coquilla
5	fogeu	fuego
6	onmgohir	hormigon
7	tiaiqaerub	tabiqueria
8	edcsconniesnao	condensaciones
9	cochro	corcho
10	eaansilt	aislante
11	loasicte	elastico
12	cceoaimr	ceramico
13	maenojt	montaje
14	erlpif	perfil
15	unsrnecteo	encuentros

BLOQUE TEMÁTICO 4 y 5. RV 11